学霸高分笔记术

ノートのとり方 1 つで子どもの学力はどんどん伸びる！

[日] 州崎真弘 著

王远 译

江西人民出版社
Jiangxi People's Publishing House
全国百佳出版社

图书在版编目（CIP）数据

学霸高分笔记术 /（日）州崎真弘著 ；王远译. --
南昌 ：江西人民出版社，2020. 11
ISBN 978-7-210-12528-0

Ⅰ．①学… Ⅱ．①州… ②王… Ⅲ．①中小学生－学
习方法 Ⅳ．①G632. 46

中国版本图书馆CIP数据核字（2020）第213181号

Note No Torikata Hitotsu De Kodomo No Gakuryoku Ha Dondon Nobiru! by
Msahiro Suzaki
Copyright(C) Msahiro Suzaki 2019
Simplified Chinese translation copyright ©2020 by Beijing Bamboo Stone Culture
Broadcast Co.ltd
All rights reserved.
Originally published in Japan by SEISHUN PUBLISHING CO., LTD., Tokyo.
Simplified Chinese translation rights arranged with
SEISHUN PUBLISHING CO., LTD., Japan.
Through Lank Creative Partners co., Ltd. and Rightol Media Limited.
版权登记号：14-2020-0322

学霸高分笔记术

（日）州崎真弘 / 著

王远 / 译

责任编辑 / 冯雪松

出版发行 / 江西人民出版社

印刷 / 大厂回族自治县彩虹印刷有限公司

版次 / 2020年12月第1版

2020年12月第1次印刷

880毫米×1230毫米　1/32　7印张

字数 / 150千字

ISBN 978-7-210-12528-0

定价 / 42.00元

赣版权登字-01-2020-429

如有质量问题，请寄回印厂调换。联系电话:0316-8863998

序 言

学习总是不出成绩?

原因在于你做笔记和使用笔记的方法!

　　这本书，就像它的书名一样，讲的就是"做笔记的方法"……

　　才怪。

　　那些看到这本书之后产生这种想法的朋友们，我对此先说声抱歉。

　　我不是故意要骗你们，这本书，其实是通过讲述"做笔记的方法"，来让孩子真正掌握提升学习能力的技巧。这是我基于自己的多年经验，得出的结论。

做笔记与使用笔记的方法，就是学习的方法

"做笔记与使用笔记的方法"如果能改变，上课听讲的方法和学习方法也会跟着改变。

与教授的一些学习方法相比，让他们在做笔记的方法上做出变化相对简单得多。只要让做笔记的方法稍微有所改变，即便是学习不好的孩子，其成绩也会很快提升。

这是学校不会教的"直接关系学习能力"的技术。

很遗憾，在学校里，老师是不会教授这些与学习能力直接相关的做笔记方法的。

学校里教的那些所谓做笔记的方法，无非就是"题目和日期一定要写上"、"字和行的位置尽量对齐，这样方便看"、"把课本的页码和题号记下来"、"线的长度一定要画准"等，不是吗？

可惜的是，这不能提升学生的学习能力。明明学习很努力，可成绩就是上不去，我说是做笔记的方法欠妥导致的，肯定不为过。

我做数学中学考试指导教师已经23年了，指导过

近4000名学生。也就是说，我看过近4000人（总体来说，笔记的数目已经超过了2万本）的笔记。如果算上试卷的批改，数量远远不止这些。

到现在为止，我已经检查过很多的笔记了。虽然看起来像自夸，但在当老师时，经常有人跟我说："州崎老师检查笔记时真的太认真了！"我总会在笔记上用蓝色的笔写下解题方法和自己的评语。此外，别人通常看不到、指点不到的地方，我也会指出他们的错误。这样的工作，我已经数不清自己做了多少次了。

如果看一看本书附录的笔记评语，大家就能明白我在前面说的。

"别再单从一个角度来写了。"

"谁会在上课的时候这样教？"

"这种东西就不要笔算了，心算就行！要不然太浪费时间。"

"看不懂！这是哪个星球的暗号啊？"

……

仅仅是暑假的笔记检查，一天少说也要用光一管墨水。

通过那些笔记，学生的思考能力和听讲能力如何，以及他的听讲方法是什么，我都能一眼看出来。

比如，上课讲解问题时，一些学生自己不去解题，而是用红笔把老师在黑板上写的答案抄写在笔记上。

上课时，看到他们只专注于"写"，而忽略了"听讲"和"思考"，我一下子就明白他们在干什么了。

"你上课的时候只是在座位上干坐着吗？"

"你这只是在浪费你的红色墨水吧？"

这些认真做笔记的学生……不对，应该是这些只顾着抄老师板书的学生，他们的损失可大了。

到底是不是这样，我接下来跟大家解释。

成绩差距体现在做课堂笔记的方法上

那些听课的学生，几乎 100% 的人都认为"听讲就是把黑板上的东西全部抄下来"。

而且，这些学生的笔记，毫无疑问都是"对着黑板照抄"。

明明只是把板书全都抄了一遍而已，但他们本人却感觉自己已经学到了东西。

实际上，我现在不光指导中学生，我还会指导一些大学生和步入社会的工作者，然而作为成年人的他们，做笔记的能力和小学生相差无几。

这些人在上小学时，也一定是一门心思地写笔记吧。他们小时候就已经养成了100%照抄板书的习惯，很不幸，这种习惯不是轻易就能改掉的。

同理，反过来说，如果小学时期就能学到做笔记的正确方法，这将是伴随一生的好习惯。

有时，我在给大学生上过课之后，会有学生来找我，说："怎样学习才好啊？学习的方法我实在不懂。"

而我总会回答："你啊，上课的时候一直在闷头写笔记。"

讲课的时候根本就不看不听，也就是说，老师讲解的时候他们根本没有在动脑思考。

假如说，我在上课的时候，班里有50个学生，那么我在一节课的时间（约60分钟）里，提醒他们"抬头看黑板听讲"至少10次。

即便如此，班里还是会有不听讲的学生。因为他们只有在我背朝大家、面向黑板写东西的时候才会抬头。这样的话，我恐怕永远也看不到他们抬头听讲的样子。

因此，当我希望他们认真听讲的时候，我就会特意说一句："大家先暂停一下你们的'手头工作'！"

如果他们手不停歇的话，那么大部分学生只会埋头专注于写东西，既不动脑，也不用耳，进而无法集中精力听老师讲课。

在上课的时间，学生不可能一直将注意力持续集中。所以，他们恐怕会错过很多重要的知识点，经常只是干坐在那里而已。

无论我讲了多么重要的知识点，我讲的话也只是声音，只是空气的振动，转瞬之间，这个声音就消失了。

那些学习不得要领的学生，上课的时候总是把笔记写得细致入微。虽然他们在认真地写，可并没有认真地听，因而他们并不了解所写内容的重要程度。

那些已经掌握了学习方法的学生，则会在重要知识点讲解的时候认真听讲。

而我也是在讲到重点的时候才让学生停下笔的。因为我希望他们能认真地听讲和思考，所以我讲解的时候一定不会让他们做笔记。

与课后拿笔记复习时的思考相比，在课堂上的动脑思考，产生的理解程度是不一样的。

另外，我也经常对着学生反复强调，"这里很重要"、"这个地方一定要记住啊"，等等。

◎ 笔记一定要用自己的话来写.

我会在后面跟大家叙述原因，不过但凡会学习的学生，他们的笔记毫无例外都不是照抄板书。

要是单单把板书的内容抄写下来就可以的话，那你只需要看看各学科的教科书和参考书就够了，反正仔细归纳一下你就会懂。另外，如果学生只要把笔记写好就能学好的话，那么我们从朋友那里借一本写的比较好的笔记抄一下就可以，也用不着上课了。

做笔记的方法＝上课听讲的方法

曾经有一档综艺节目，节目方做了一个对比实验，他们让一位高学历艺人和另外一位艺人一起去上课学习，并参加最后的考试。

考试成绩公布后，高学历艺人几乎得了满分，而另外那位艺人几乎是零分。当然，两个人的学习能力确实存在差距，但我认为主要原因还是在他们的听课方法和做笔记方法上。

高学历艺人在上课期间一直盯着老师，时常"嗯嗯"点头表示肯定，而且会时不时在笔记本上洋洋洒洒地记一些东西。而另一位艺人，则几乎是把老师说的每一句话一字不差地记在了笔记上。

考试成绩很清楚地说明了一切。而这，就是我所说的"做笔记的方法＝上课听讲的方法"。

这方面我会做详细地说明，不过那位高学历艺人在上课过程中所做的笔记，恐怕就是一些他自己认为特别重要的，抑或是"关键词"之类的东西。并且，他是以一种只有自己看了才会明白的方式进行记录的。

"笔记"才是学习能力的最强指标

从现在开始，你做课堂笔记的目的，要考虑改变一下了。

课堂笔记的目的是，要在课上将知识信息进行记忆（输入），并将其作为自己可以在后期用的知识记录在笔记上。

要从老师的讲解中提取自己没有的知识，并用自己的话将这些知识记录下来。

虽然不同的学科、不同的单元之间情况也不一样，但是我认为，课堂笔记要比教科书重要。

自己所做的课堂笔记，绝对要比教科书重要。教科书没了，可以再买一本，而"用自己的话"记录的课堂笔记却是世界上独一无二的。

这也就是为什么"笔记"才是决定一个人学习能力的最强指标！

在本书中，我不光会详细说明做课堂笔记的做法，还会跟大家介绍一些做练习笔记以及提升学习能力的技巧和窍门。

笔记改变之后：

◎ 学习方法会改变.

◎ 学习的理解度和掌握度会上升.

◎ 学习可以事半功倍.

所以，现在，我就跟大家介绍这种谁也不会教给你，犹如魔法一般的做笔记方法。

州崎真弘

目 录

第一章
为什么改变做笔记的方法后成绩会有进步？

第二章

可以提高学习能力的笔记 VS 不能提高学习能力的笔记

第三章
学习效率的差距就体现在这里——强大的做笔记技术

第四章
提高孩子的做笔记能力，家长也有责任

第 1 章

为什么改变做笔记的方法后
成绩会有进步?

快速提升听讲能力和思考能力的新常识

💡💡 做了一个漂亮的笔记，就觉得自己已经学会了？

想要成绩有所进步，先要改变做笔记的方法

23年来，我看过近4000人所做的笔记，因而我有足够的自信说这样的话。

说到这，我们就会想到一些学生，他们对作笔记似乎有点误会，经常花费很大的力气去写笔记，进而成了一个"笔记达人"。

尤其是女生，她们会为了做一个既漂亮又好看的笔记而倾注大量的精力。

"无论笔记做的再怎么漂亮，你的成绩也不会进

步得so easy!"

"别再写一些让人们觉得特别漂亮的笔记了，难道说，你弄这些是想要拿到二手交易平台上卖吗？"

我之所以说这些玩笑话，是因为我们经常能够看到某些学生，只是在上课时认真做了笔记，就认为自己学得很好，开始自我满足了。

还有些学生，经常对同学说："你的笔记借我抄一下。"然后就开始做所谓的"畅销笔记"，然而这种笔记是没有任何意义的。

对于小学生来说，自己的笔记即便父母看不懂也没有关系。这样说虽然有点极端，但事实就是如此。

正如我在序言里提到的，做笔记最重要的，是要让自己明白。

父母看了你的笔记，可能会问："这到底是啥意思？"这其实没什么。稍微补足一下之后，虽然父母可能还是不懂，但只要学生自己能明白，能把笔记中的文字、数字和图表的意义说明即可。

父母或许会问："这是什么意思？"

只要学生能一五一十地解释出来，就可以了。

写一些"黑板上没有的内容"

把黑板上写的内容全部抄下来，只要有时间谁都可以。当然，写字速度特别慢的孩子除外，不过绝大多数人都没什么问题。

上课的时候，经常有学生说："老师，黑板上的字看不见。""您能不能往边上让一让。"他们为了抄一下黑板上的内容，显得很焦急。

而我通常先是对那些学生开玩笑说："我这么帅的吗？值得你们这样盯着我看？"然后接着说："我马上就会擦掉的，你们还是先听吧！"以此来告诉他们这里很重要，让他们停下手中的笔认真听讲。

再之后，当我准备擦掉黑板上的字时，我会先问一句："我把它擦掉可以吗？"随即就开始擦。当然，重要的东西是不会擦掉的。

这仿佛在说："重要的东西我不是讲过了吗？"虽然可能会引起一阵小小的不满，不过这就是我想传达的信息：希望学生停下手头的工作，用心看、用心听，然后认真动脑思考。

在很多学生心里会有一些误会，觉得只要把黑板上的内容抄下来就可以。

这样做的结果就是，当他们回顾自己的笔记时，便开始抓耳挠腮了："这都是什么意思啊？"

他们上课的时候只顾着写，而老师的讲解却听得零零散散，虽然嘴上不停地"嗯嗯"，好像听懂了似的，可一回看自己的笔记，根本想不起来自己写的都是些什么。

"这个数字60是啥意思来着？又是怎么得出来的呢？"

"这个辅助线，应该什么时候画呢？"

为什么会出现这种情况呢？

相对于黑板上写的内容，"解题"的顺序更为重要，这一点在数学课上体现得尤为明显。

比如说，在讲解某个解题方法时，与黑板上写的图表的结果相比，求出图表结果的"过程"更为重要。

然而，一些数学不太好的学生，却是按照与解题过程完全相反的顺序，只把运算后的表格、图形问题讲解后的完成图记了下来。

平常的时候，我就经常对学生说："对于板书，重要的不是'结果'，而是'解题过程'。"

如果只记结果就可以的话，那教科书上早就把习题的答案给你写上了。

不仅要记录得出某种答案的原因，更要牢牢记住解答的过程。

你没必要把所有内容都写下来，只需记一些重点即可。当然，你得让自己明白你写的内容。

同时，虽说我们不需要把老师的话一字一句全部写在笔记本上。但是，如果有些地方让你觉得"这个地方不太好理解"，你要对此做好标记。

那些成绩有所提高的学生，都养成了这样的习惯。

而那些因成绩无法提高而苦恼的学生，大多都是先问别人："最后的答案是多少？""面积是几平方米？"然后在教科书上走形式一般地只把答案写了上去。并且，他们已经养成了这样的坏习惯。

现在的教科书，基本上都会有题目解析，但还是有很多学生看不懂，原因就是他们没有认真对待解题的顺序和过程。

如果能够改变这种思维方式，做笔记的价值就会不断升高。

也就是说，课堂上做笔记的习惯改变了，成绩就能提高了。

> 提高学习能力的做笔记习惯之一：
>
> 你要记录的是解题顺序（过程），而不是板书（结果）。

💡💡 相比于"写笔记","听讲"和"思考"更重要

"别再记了！"

话说得虽然有点严厉，但对于在上课时爱花时间写些没用的东西的学生，我真的很想跟他们提这样的建议。

> 笔记不是让你一字不落地写，你落了几个字也没事，别那么"贪婪"，先把重要的内容记录下来，然后，我希望你集中精力听讲和思考，其他的什么都不需要做。

这样的建议，我很想不停地传达给学生们。

大家可以先把重要的东西记录下来，然后再把同学的笔记借来看一看，借鉴一下。虽然有点违背我的原则，不过这样做也可以。

如果你能学会"不写"，听讲能力和思考能力就会上升。

这点绝对没有错！上课的时候，把自己做笔记的精力节省出来，然后把它们用在对讲义最核心部分的思考上，那么课后做作业和复习的时间就会大幅减少。进而，学习就会进步。这样一来就会形成良性循环，并渐渐地在自己身上看到效果。

有没有比"给我好好听讲"更好的表达方式呢？

如果是父母所说的，"听讲比做笔记更重要"之类的话，可能不太容易传达给孩子。

与其对孩子说"要好好听老师讲"，不如试着说：

"你可不可以写一些黑板上没有的内容呢？"

如果这种说法还是不能理解的话，那么家长可以说：

"老师讲的东西，简单地记一下就行！"

当然了，学生很难把老师的话全部写下来，因而能记多少记多少就可以了。

话虽这么说，可有人也会想："如果黑板上什么都没写该怎么办呢？"这也不用太担心，要让一个之前一直在认真做笔记的学生突然什么都不写，这也不太可能。原因就是，一些学生，似乎患上了一种"不写笔记就浑身难受"的病。除非老师说"别写了"，他们才会停下来。

老师讲课时，当你觉得"这个内容黑板上没有啊"的时候，你就要立刻在笔记本上找个地方记录下来，哪怕是随便一写。

所以，家长就不要再说什么"老师讲的要好好听"之类的话了，要是能让孩子懂得"必须写一点黑板上没有的内容"，他们一定会更加认真地思考和听讲。

无论老师讲解的内容有没有写在黑板上，不集中精力听的话肯定是无法理解的。

刚开始，10个知识点或许只能听懂一两个。不过，在回看笔记时，如果学生能完全理解自己所写的东西，父母们可以一边说着"哦，都写上了啊"，一边偷着乐了。

随着这种简记的增多，笔记本上所有空白的地方都会被填满，此时便可以说，学生已经能够完美地做笔记了。

学生的笔记需要体现的，不是他们曾经"整整齐齐地写"，而是曾经"认认真真地听"，这才是最重要的。

上课时只要能提升自己的理解度，做作业和复习时就会充满乐趣

做笔记的方法改变之后，课上的学习方法就会得到大幅改进，学习效率自然也会显著提升。

如果以一种让学生们更心动的方式来表达，就是"做笔记的方法改变之后，在家学习就会充满乐趣！成绩一定会取得进步！"

这种具有吸引力的话，不是孩子们无一例外都爱听的吗？

在家里，父母总是严厉地说："快点做作业去！"孩子们自然也会觉得这样很烦、很累。然后，他们会认为，只要完成任务，没学到什么东西也没事。

　　究其原因，还是做笔记的方法和听课的方法有问题。这方面的重要性，说多少次都不为过。

　　把一些最需要、最基本的知识记下来后，在剩余的大部分时间里，如果能把眼、耳、脑全部运用起来，那么学生对课堂内容的理解就会加深。

　　之后，要是能把对学习的理解再加深一点的话，做作业和复习的时间就会大大节省，学习的总时间就会缩短。

　　换句话说，只要掌握了做笔记的方法，学生不仅可以控制上课的时间，在学习的时候，还可以抓紧一切最好的时间来动脑思考。

　　顺带说一句，大部分学生并没有把上课时间算在学习时间里。他们都把上课时间和在家学习、自习的时间分开考虑了。

　　"哎？上课时间也要算在学习时间里吗？"

　　我是这么认为的，可一些学生不这么想。

　　用某些学生的话来说："原因嘛……（上课就是）坐在那里，写着笔记，偶尔听听，思考思考……"

　　"上课就是坐在那里，写着笔记，偶尔听听，思考思考……这都是些什么呀？！"

也就是说，能让自己认真思考的学习只能是在家里，只能是在做作业的时间。这种观点，在学生群体中基本是公认的。

正确的思维是：做笔记的方法改变了，学习就会充满乐趣，成绩就能上去了！

对于某些比较聪明的孩子，这些"蒙骗"的话可能不太适用，如果是这样的话，就请认真看一看我在前面叙述的内容吧。

无论学习多么认真的孩子，都不会拒绝充满乐趣的学习方式，他们也都想轻轻松松地学。所以，跟孩子说这些话时，一定要让他们觉得这样做会让自己得到一定的"好处"。

当然，这样做的目的绝对不是让孩子们觉得这是一种偷懒的方式。这个可是我到现在为止从来没有跟别人说过的，可以在背后促进孩子自发学习，并加强学习效果的方法之一。

比如说，当学生在做一些毫无意义的笔记时，怎样说才能让他们对自己做笔记的方法做出思想上的改变呢?

有些学生,他们连复习测试和课后习题也做不出来,当我遇到的这种情况时,我就会问他们:"你觉得你为什么不会做呢?"

学生:"因为没学过……"(不知为何,在这种情形下,大多数学生都会找这种理由。)

我:"我不这么认为,把你的笔记给我看看。"

一看笔记才知道,通篇几乎只有答案,写得松松散散、绵软无力。而且,我看到的也只是一些胡乱写的内容而已。

我:"你看看,这次(针对考试时不会的题的相关讲解)的笔记你做成了这样。所以你恐怕是没有动脑思考过吧。"

或许还有其他的原因。不过,我还是会对他说:"你没有认真地听讲,这一点从你做笔记的方法上就可以看出来。"

由此,我便开始以做笔记的方法为中心,指出他的错误,并对其听讲方式进行指导。

不过，因为我是直接指导学生的人，所以我可以跟学生说这些。可如果是父母的话，说这些东西恐怕会受到孩子的不理解。

关于父母不宜去做的事，我会在第四章介绍，但这里我要说，父母一定不要试图对孩子的笔记指指点点，这是最基本的原则。

对于那种做得很不上心的笔记，随便一看就知道孩子在上课时没有认真地听讲。即便如此，父母也一定要忍住不要批评他们。

就像前面说的那样，父母先不要对他们的笔记说三道四，而是要告诉孩子们："你要写一些黑板上没有的，以及在老师讲课时你自己觉得特别重要的内容。"以此来让他们改变自身的听课方法。

> 提高学习能力的做笔记习惯之二：
> 　　不仅要"好好听讲"，更要"写一些黑板上没有的内容"。

💡💡 "只以交给老师看为目的" 是没有意义的

看看那些成绩没有进步的学生所做的笔记，这样说的原因就一目了然了。

没意义的笔记到底是什么样的？就是会做的题就做，不会做的题一个字也不写。

有的学生可能会说："我不会做，当然是什么都不写了。"

但是，就算是不懂不会，你也有很多应该写的东西。

这里有一个例外情况，为了提高学习效率，做笔记时都会做一些"削减"（对不会或者不需要的内容暂时不做记录），学生在能力尚有不足时，"战略性"地空下一些题目是可以接受的。

从我作为老师检查学生笔记的立场来说，如果学生什么都不写，那么他是从什么地方开始不理解的，为何会不理解，一切我都无从知晓。

这样一来，"这样做行不行呢？""这里有点奇怪，理由是……"等信息，学生就没法向我传达。进而，我对这个学生的关注就全浪费了，接受进一步指导的机会自然也会随之溜走。

顺带说一句，在我之前教过的学习成绩进步较快的学生中，即便是有些人对自己不会的题什么也不写，他们也会给我留下一些"信号"。

在解题过程中，他们有时会写上一句："这里，两个人的速度比是怎么得出来的？我不太明白。"就算是遇到那种连一个公式都写不出来的棘手问题，这些学生也会问："题目第二行，定价打两折所获得的利益，是怎么算出来的？"此外，他们还会与课上讲的例题进行比较："课上讲的明明是×××，可用同样的方法做，还是做不出来……"这类疑问，成绩提高较快的学生们经常会让我看到。

通过练习笔记来检验现阶段的理解程度

如果要对学生的学习笔记进行分类的话，可以分为课堂笔记（本书前面所讨论的笔记）和作业、复习时使用的练习笔记。

两种笔记的作用，前者是"输入"，而后者是"输出"。

练习笔记的真正价值，是对学生现阶段的理解程度进行检验，并且整理大脑中储存的知识，以便日后使用。

但是，很多学生都觉得，练习笔记只是交给老师看的。所以，他们始终把不会的题空着，之后把答案用红笔照抄下来。

首先，练习笔记的功能之一，就是检验自己现有的理解度。

尽管考试和各种测验是检验理解程度的最佳方式，但是这些方式是无法在家里实施的。在家庭学习中，尤其是在做非常消耗时间的家庭作业和复习时，很多学生遇到自己不会的部分，总是用红笔把答案全都抄在笔记上。这样的话，学生到底是从哪里开始不理解的，我就无从知晓了。

用大家都能理解的话来说（说出来可能有点严厉），这种学习结果，除了让你感慨一句"终于做完了"之外，什么用也没有。

每当看到这样的笔记，我都会先开一句玩笑："我没有超能力，无法知道你到底哪里不懂。"然后，就把他的笔记退回去。

尽管可以预知这些学生在上课时是怎样的状态，但要让我凭空猜测他们到底哪里不会，这样的技能我可没有。

所以，对于这些学生不会的问题，不懂的地方，我希望他们能让我知道。

这不仅是为了方便我进行检查和指导，也是为了方便学生。而且学生这种自欺欺人的习惯，我作为老师也有可能不知不觉、一点一点地被传染。

十道题九道不会也好，写一句"解到这我实在不会了"也好，甚至写到一半就不写了也没关系。无论如何，我只希望学生们能写上一些自己的东西。

　　这样一来，老师就可以理解学生了。进而，老师也可以向学生提一些实用的建议。况且，父母看了这样的笔记，也能感受到孩子们的学习状态。

　　更重要的是，学生本人也会因此拥有学习的主动性。对于他们来说，这样不仅可以催生出学习的积极性，而且进步的速度也会很惊人。

　　学生能写到自己不会的地方自然是最好，写不到也没有关系。即便不了解学生到底哪里不会，体现出"自己能理解到什么地方"的话也是可以的。

　　当我看到笔记上一片空白时，我一般就不会写评语，可这个时候，有一些学生可能会说："老师竟然不看我的笔记。"

　　而我只能说："你什么都不写，我也没法写评语啊。"潜台词就是："你倒是写点东西啊！"可是，虽然我口头跟他们说过很多次，而且总会告知他们："再这样下去我可什么都不给你写。"可这样的事情，还是需要学生本人自觉地去做。

　　关于作业的布置，某种意义上说，教育者和学习者之间的关系，就像捕球手和投手一样。

投手不把球扔出去，捕球手就无法接球，这就是
投球最初的意义。

如果学生没有"投球"的话，这就是另一个必须
要考虑的问题了。

通过练习笔记对脑中的知识进行整理

其次，练习笔记的功能之二，就是将头脑中零散
的知识进行整理。

从学生理解的角度来说，"练习笔记"就是作业
笔记。大多数学生，为了把笔记写满，为了尽快完成
作业，都十分努力。可这早已偏离了作业本身的目的。

作业确实是非常重要的，老师之所以让学生交
作业，自然是有原因的，且希望达到相应的效果。所
以，学生努力做作业，肯定是好事。

但是，另一方面，这也会产生一个很大的问题。

"把笔记写满，尽快完成任务"，我个人觉得这
种做法与学习能力并不直接相关。有很多学生，在反
复做题的过程中，不知不觉地有了一种"我好像全都

学会了"的错觉，并且，这种状态会一直延续。

完成作业（老师布置的任务）的正确流程应该是先复习课上讲过的内容，然后再做作业。可是由于作业太多，重要的复习机会就被他们用错误的方式浪费。

对此老师也有自己的理由："要是不布置这些作业，学生就没法学习东西。""想要保持一个较高的学习水平，这些作业是必需的。"

可是，如果看看宣传册和口号就会发现，他们一开始宣传的可是"快乐学习"。

"作业压力这么大，哪来的快乐？"学生们的心头总会涌出一丝上当受骗的感觉。

为了巩固上课所学的知识，做作业的时间是必要的，但被浪费的复习机会必须想办法弥补。

首先，努力地回忆课上讲的知识。然后，从教科书上寻找答案，再把那些即将在脑海中消失的讲解和说明整理一下，进而牢牢掌握，这才是做练习的目的。只有这样才算初步完了教学的目的。

最后，把老师布置的作业完成，这之后的练习量就可以自己决定了。关于这个我之后会跟大家解释。

无论怎样认真地听课，都会有漏掉或理解不充分的地方，除非你是个天才，否则一旦置之不理，就一定会忘掉。

提高学习能力的做笔记习惯之三：

交给老师的作业，其实就是学生（投手）扔给老师（捕球手）的棒球。

💡💡 "输出" 工作一定要在当天进行

对于那些已经掌握了正确的学习方法，在上课期间就能把疑问解决掉的学生来说，是不需要复习的。因为他们在上课时已经理解了所有的东西，所以他们完成作业所用的时间也不长。

假如说上课时有些疑问没有完全解决，依然有一些不理解的地方，学习方法得当的学生首先会记住那个地方为何不懂，然后做上记号，记录下来。

我经常说："复习和作业（输出）一定要在当天尽快进行，如果可以的话，课后的当天一定要复习一次。"

虽然有点麻烦，但是如果能马上进行"输出"的话，为了将课上讲的内容牢牢记住，你会渐渐产生再次"输出"的欲望。最后，你的理解会加深，进而能尽快地掌握知识。

当上课时学到的一些问题能够在作业中解决的话，则这部分的学习和相应的问题也会随之告一段落。因此，这方面的工作只需要花其他学生三分之一的时间即可完成。

需要大量时间写作业的原因

"输出"工作如果没有及时进行该怎么办呢？

可能你会觉得自己已经学会了，但到真正学习结束，恐怕还需要很长一段时间。

不仅如此，如果时间太长的话，你所记忆的知识会渐渐流失，学习的兴趣也会随之大减。而此时你能做的，也就只有拿着你的传家宝刀——红笔，一遍又一遍地抄写了。

就连很多在补习班上课的学生，这种重要的"输出"工作，竟然会在整整一周之后，在下次上课前一天的晚上，才从学校回到家慌慌张张地勉强完成。

那样一来，你学的东西基本都会忘掉，这就跟自学没什么两样了。因此，我一打开这样的笔记，肯定就是从上次课讲过的内容开始全部重新检查一遍。

尽管话说出来不太好听，但如果课后一天之内不复习，学生的学习意识就会降低，学过的知识就会像遗忘曲线体现的那样完全被忘却。

因为要在所剩不多的时间里去复习，所学的内容也就变得非常重要。

复习和作业是不一样的

到现在我都是把复习和作业分开来说的。

那是因为我觉得复习和作业本来就是不一样的东西。

首先，复习是学生自发地对学习内容进行再确认的过程，目的是为了吸收和掌握知识。此外，通过它来判断自己的理解度是什么水平，也是十分必要的。

不过，虽然让学生做这样的工作很有必要，但因为这不属于老师布置的任务，所以学生很容易忽略它。

　　而作业则是老师布置的，一种半强制性的任务。说实在的，很多学生都不太想做作业，但在老师和父母的监视下，逃避显然是不太可能的。

　　我作为老师，经常有人跟我抱怨说："孩子做作业不认真。""做作业时间太长。"

　　原因很简单，其中一个就是，孩子做作业时会强烈地感受到这是一种强制，因而最重要的"思考时间"都因这种感觉而被浪费了。

　　学习的本来目的不是为了做作业，而是掌握学习内容，以及在解题中发现自己存在的问题。

　　可大部分的学生几乎都认为，做作业就等于学习。这也就不难理解为什么学生会觉得这东西无聊了。

　　做作业并不等于学习，复习才等于学习。

　　因为在复习时，学生可以拿出时间来"思考"。

　　虽然从广义上来说，学习有很多不同的形式，可类似"做作业就等于学习"这样的误解，我认为还是尽快消除为好。

　　能够意识到"复习=学习"，拿出时间来灵活思考，并在此之上进行学习的学生，十个人里可能也就有一两个人能做到。

虽然有些学生可能也会在短时间内对课上内容进行复习，但是"做作业"依然是每天最重要的主题，他们为此一直在"艰苦奋斗"。

我曾经在某教育机构给学生做过课程计划，对于作业，我是尽可能地让学生们发挥他们的自主性。也就是说，我只是给出一定范围的提示，做还是不做，我并不强求。

"做作业的是你们，所以，做不做随你！你们就做一些自己觉得重要的部分，并且有信心拿满分就行。不过，要是觉得自己有必要反复练习的话，你就给我拿出5倍、10倍的努力来！"

只要有了自主性，即便是放任不管，他们的学习也会有成果。

实际上，这样一来，时间上的烦恼和学习上的压力就会减轻。

当然，这其中也会有一些消极怠工，偷懒的学生。但如果只对他们说"赶紧去做！"，他们也不会像其他人一样产生实质性的变化。所以，我们什么也不需要说，先对他们"放任自由"即可。

其实，在我教过的学生里，经过严厉的教育之后才产生改变的，真的很少出现。但是，当处在一个集体中，而且这个集体又同时在努力学习的话，出于某种原因，那些学生也会不知不觉地跟随他们一起努力。

提高学习能力的做笔记习惯之四：

课后一天的时间里，一定要看一次课堂笔记。

💡💡 善于做笔记的学生也善于分类!

善于听讲和学习的学生，也很擅长对学习分类。课上学习结束后，他们会尽快开始做作业，学习非常有效率。

这是因为，他们可以在做作业的过程中迅速地判别出会和不会的知识。

如果不是有一定的学习实力，这种判别不是那么简单就能完成的。

要学会判别"会的问题"和"不会的问题"

实际上，关于这一点，只要看看学生们的作业就能明白。

首先，从自己理解的问题开始整理的学生，他们笔记上的题号和页码都是不按顺序写的。正是由于一些学生把题号写得很乱，所以这一点就体现得很明显。

另外，即使有些笔记上的题号是按顺序写的，可仔细一看就会发现，字迹是有细微差别的。这并不是因为他们没有认真学习，而是因为这些笔记不是一次性完成的。

打个比方，某个学生的笔记，一部分是昨天做的，另一部分是今天做的。也就是说，那些学生是利用不同的时间，多次记录才将笔记完成。

这样聪明的学生并不多，不过确实有。这些学生可以自行控制学习的节奏。虽然他们有时也会被父母指导，可他们也能牢牢把握自己的学习方式，这一点就很了不起。

会的问题迅速整理上去，而对于不会的问题，他们就把不懂的地方标记上，并写清不会的原因，之后再慢慢解决。

反过来说，他们会对不会的问题和原因进行挖掘，并在此基础上进行学习，从而能够解决很多难题，在学习的过程中也不会遗漏任何重点。

会学习的孩子，不仅会在这方面做出判别，而且判别的速度还很快。

知识整理也是如此。善于整理的人，首先都是从分类开始的。在正式开始整理之前，他们都非常了解什么是需要的，什么是不需要的。同理，会学习的学生，也会把会的问题和不会的问题分得很清楚。

而在这方面不擅长的学生，则是什么都不管，一股脑的去做，遇到不会的就空着，之后再用红笔把答案写上。

对于这样的学生，我本人希望他们能够先留意一下前面讲到的"判别"。

这种判别，是基于一些只有本人才能理解的理由。也就是说，每次进行判别时，都必须要考虑到那种理由才行。

有些学生会通过课本上写的难度水平，甚至是通过题目的字数来判断题目的难易，这种先入为主的观念一定不要有！

如果能在笔记中逐渐判断出自己的学习能力，那么你的学习就是合格的。

在按照顺序仔仔细细记录的时候，自己不太熟悉的知识一定要熟记在心。这样一来，即便你不关注自己的学习实力，日后也会取得进步。

提高学习能力的做笔记习惯之五：

先从会的问题开始整理，不会的问题要先考虑自己不会的理由，之后慢慢解决。

💡💡 不利于学习的笔记还有很多

之前说到的不利于学习的笔记，是那种到处用红笔写答案的笔记。

而下面说的这些笔记，是另外一些不利于学习的练习笔记，也是学生无法进步的原因之一。

如果学生继续做下去的话，也是很糟糕的。

一种是只重视美观的笔记；另一种是以"交作业"为目的，一看就感觉不到任何学习动力，纸上满是空白，给人一种敷衍了事感觉的笔记。

这两种笔记乍一看并不相同，但其实也有共通点，那就是在这些笔记中都能看出学生在学习理解方面的不成熟。

首先是只重视美观的笔记，这种笔记大多出自一些所谓"希望得到表扬"的学生之手，在我的印象中以女生居多。

这些学生，不仅想把笔记"完美地"交给老师，还想得到父母的赞许，可正是由于追求外观，他们把好不容易写出来的解题过程和分析痕迹全都用橡皮擦掉了，之后再用铅笔把答案抄上，并用红笔做上了正确的标记，以此来完成作业和笔记。这样的做法太不好了！

这样做的话，个人的成长记录，解题过程，以及作为练习笔记重要作用之一的理解度，就都无法被记录下来了。

这种情况，恐怕是因为之前有人跟他们说过"笔记要这样做"之类的话，进而有了"笔记就要写得美观"这样的误解。

这种只追求美观的笔记，老师们基本上都会注意到，因此，这样的笔记，只给老师看一次就够了。

然后是另外一种，满是空白的笔记。

全是空白的笔记，就应受到批评。

这种笔记大多出自男生之手。字写的非常小，平时基本不看，老师看起来也很困难。它的特征就是做笔记的学生，无论是解题方法还是他们的书写字迹，都很杂乱。

这样的笔记只要看一眼，就知道学生根本没有在认真学习。看过笔记之后，这些学生到底是在用怎样的方式进行学习的，老师也很难知晓。

不仅是笔记的使用方法，他们上课时的听讲方法和提问方法都很不成熟，所以学习就没有什么成果。某种意义上说，我认为他们是学习上不得要领。而且，对于不会的题，他们连用红笔抄答案这样的事都懒得去做。

当然，千万不要有"果然，还是用红笔抄答案这种做法更好"这样的误解。不仅如此，正是由于他们没有用其他颜色的笔分开来记录，因而老师们对这样的学生只需要把知识一点不落地都教给他就行了。

多说一句，无论是用铅笔写还是用红笔写，把答案全部抄写下来这种工作，实际上也不是完全一无是处。

在记忆答案的过程当中，如果你试着独立将答案写下来的话，也是一种有效的学习方式。

只不过，我们一定要注意，不要让学生养成在知识掌握还不成熟的条件下，就毫无目的地抄写答案的习惯。

> 提高学习能力的做笔记习惯之六：
>
> **一定要理解做笔记的目的是什么。**

💡💡 不要强迫学生去做作业

"无论说多少次孩子就是不愿意写作业。"

"怎么做才能让他们自觉地去做作业呢？"

这样的话，我经常能听到。

但是，在我看来，对那些不爱写作业的孩子们说"赶紧去做作业"之类的话，只会起到反效果。

其实他们不是不想做作业，而是他们不会，做不出来。所以就算是对他们说了"赶紧去做作业"，他们也只是把作业本打开，什么都不懂地乱写一通，最后把答案往上一写就完成任务了。这便是为了做作业而做作业。因为什么都不会，所以除了写答案，他们也没有其他办法。

之前我说过，"关于作业的布置，某种意义上说，教育者和学习者之间的关系，就像捕球手和投手一样。投手不把球扔出去，捕球手就无法接球，这就是投球最初的意义。"

可是，能够在笔记中体现出自己不懂的地方，并且当解题解到一半就不会时，在笔记中向老师发出"求助信号"，这样的学生可不多见。这种情况下，这类学生就会变得相对优秀，学习偏差值（"偏差值"是指相对平均值的偏差数值，是日本对学生智能、学力的一项计算公式值）也会很高。

当有些学生什么都不写，显得十分"可怜"时，单凭这一点老师就能看出他们没有认真学习。

而为了证明"自己的确认真学过"，他们就不得不用红笔把答案写上，制造出一种自己已经学会的假象。

要把不会的地方用线标记上

我之所以一直在说一些关于不要抄写答案的事，是因为这种坏习惯很有可能不知不觉地成为学生最后的"逃避手段"。这对于学生来说，是一种极大的损失。

如果把所有答案都写上了，那么你就一定要充分活用这些东西。

我经常这样指导我的学生们。

"要是把答案都写上了，你就把不理解的地方用线标记一下。"

这样的话，对于学生不懂的地方我就可以有个大体的了解，进而能够对该名学生进行必要的指导。

所以，学生不要只顾着写，还要仔细阅读一下所写的答案，这是为了给自己不会的地方作标记。

这就是"可以让老师过目指导"的笔记，学生和老师之间就可以进行"投球和接球"的互动了。

至少，这种笔记，不会再让老师写一句"行，下周继续努力"就还给你，换句话说，它不再是"交了就过关了"的那种笔记了。

因此，如果这方面的观点能够一点一点改变的话，你或许也会在未来某个时候感叹一句："原来如此，这也是有用的啊！"

提高学习能力的做笔记习惯之七：

要是把答案写上了，一定要用线把不懂的地方标记出来。

💡💡 "不写在笔记上 = 不学习" 的观点是错误的

在检查学生们的笔记时，因为我们是讲义的制作者，所以通过我们的观察，我们可以了解很多学生的事：是否经常使用笔记，字的大小，记笔记的认真程度等。除此之外，通过笔记内容，还可以了解学生之间熟练度和学习能力的差异。

优秀的学生会从板书中发现很多微妙的问题，有些问题虽然相似，但在不同难易程度下，他们的做笔记方法会发生变化。学生之间解决问题的能力各不相同，因而每个人的这类变化也不太一样，甚至可以说是差异明显。看过他们的笔记就会知道，无论修改多少次，每过一段时间，他们都依然想继续修改。

把课堂和作业割裂开的习惯很"危险"

我们可以看出,那些因学习无法进步而烦恼的学生,他们的笔记,从最基本的知识到最后的应用题,所有的东西都是按照同一个"节奏"来写的。

他们只是为了把笔记写满而暂且把答案照抄下来。这种做笔记的方法,无论是用铅笔还是用红笔,虽说不是绝对的错误,但大多数情况下还是存在问题的。

最大的问题就是,他们把课堂和作业割裂开了。这是相当危险的。如果置之不理,这样的习惯到大学的时候依然会继续下去,因而必须要注意。

虽然复习、作业与课堂不一样,但是三者是绝对不能割裂的。因为只有先上课才能有复习。

而那些学生做作业(复习)的方法,就是除了作业笔记和作业(课本)之外什么也不用。只要看一眼笔记就能发现问题,所有的内容基本都像往常一样,不懂的地方就看着答案全部抄下来。这种方法有什么不妥,大家应该都了解吧?

是的，他们从来没有仔细看过课堂笔记。

对于这些学生来说，课堂笔记根本就不是什么重要的东西，仅仅是在上课时才会用到的笔记而已，所以平时基本不看。

这是一个相当严重的问题。因为他们不会活用课堂笔记，所以在上课的时候，他们只会抄板书，老师讲的东西几乎没有听进去。

也就是说，在这样的学生看来，上课没有那么重要，并且基本不听讲。最后，他们只能凭借听到的为数不多的知识，奋力完成作业。甚至可以说，他们只是在表面上模仿优秀学生的做作业方式而已。

总结一下，那些学生的课堂笔记就是：

做作业时并不需要→上课时听讲不仔细→做笔记、记忆板书内容等也不认真→笔记完成后不怎么使用。

这便是最糟糕的恶性循环。

之前，我看过一些数学很不好的孩子所做的笔记。我经常会问他们："这个问题你解出来了？答案和公式倒是没什么错，可你看看这些答案，你都理解

吗？"之后学生就"嗯……怎么说呢……"支支吾吾
地回答不出来。其实，我问的这些问题都是课堂上很
重要的内容，而且每一个数字也是如此。此外，同一
道题，我还会给他们说一些不同的解法："你那样解
答是对的，不过这样解会既准确又快捷。"

虽然我是老师，但我也不会强迫他们采取某一种
解法。一道题的解答方法也是因人而异。所以，无论
什么解法，只要那个学生擅长就没什么问题。

可是，如果因为这个就上课不听讲，那就有问
题了。优秀的学生中，有一部分人会对课上讲的和教
科书上的方法进行"自定义"，以此来消化和掌握知
识，这样是没有任何问题的。可即便我的解法最终得
出的答案与正确答案有出入，那我也不会只给学生们
讲其中一种方法，而是将所有方法集中起来讲授。

将学生们的笔记对比起来看，学生想要按照教
科书上的方式来解答，这是完全可以的。可有些人不
一样，他们并不想看着笔记进行思考，而是更想看
到完整的答案。那样一来他们的成绩就不可能取得进
步了。

你是否经常说"这个没学过，所以我不会"

补习班的学生经常会因一件事情而苦恼："上课时我明明认真听讲了，可作业还是不会做。"

这是学生们的众多烦恼之一。往大了说，这种烦恼是仅次于学习成绩的。

有些孩子经常抱怨说："这个没学过。"

父母则会半信半疑地说："这个不太可能吧？"

我们总会看到，某些学生看似听懂了，实际上什么都不会。不过这跟我们教育者也有一定的关系。在进行学习指导时，需要讲解的知识量很庞大，而且，老师在上课时也不可能把教科书上的所有问题都讲一遍，这些事情我们都会跟学生们事先说明。

可是，补习班的老师在讲解的时候，都是以"学生能够通过对核心部分的学习，拓展理解相关派生知识点"为前提的。

并且，在进行班级授课时，老师一般会针对各个主题进行补充说明："如果题目中出现了三个人物的话，那么就以两人为一组进行分析。""图一定要画成三段式的。"

一些教学能力很强的教师，还会把不同的条件和对应的解题方式，通过独特的板书技巧和绝妙的提问方式来向学生进行说明。

这个时候，那些善于记笔记的学生，就会把解题方法，用自己的话写下来。例如："三人→借助三角形，两人一组进行分析。"

从教师的角度来讲，恐怕并不存在"没有讲过的东西"。可即便这样，教学者和学习者对同一问题有不同的看法，因而学生不这么认为也是必然的。

无论学生听讲多么认真，对老师所讲知识的掌握都是有限度的，而且每个人的限度不一样。如果有些知识点老师在课堂上没讲到，那么你一定要用好作业笔记，然后把不会的东西毫无保留地"扔"给老师就可以了。

那些在课堂上一点不落地进行记录的学生，无论什么样的问题，他们会永不放弃地去解答，这是因为他们总会把学到的知识在脑中动员起来，并灵活运用。

并且，就算是最终做错了，那些努力坚持分析到最后的学生，他们的答案一定是最接近正确答案的。在其解题的过程中，我们甚至可以看到反复修改的痕迹。

他们之所以能掌握课堂上学习的内容，是因为他们做笔记的方法更加多样化。

提高学习能力的做笔记习惯之八：

做作业时，与其看课本，不如看课堂笔记。

💡💡 通过笔记可以提高学生的5个能力

学生掌握了做笔记的方法之后，学习效率就会提高，这一点一定会在成绩上体现出来。

那么，做笔记的方法改良之后，学生的哪些能力会得到提高呢？

通过课堂笔记提高的能力

①理解力

课堂笔记上要是只写板书内容的话，就算是花大把时间在课上学习，能理解的知识也会很少。当一个学生专注于"写"的时候，他并没有在思考或听讲，而只是手上忙个不停。这种情况下，学生所追求的，就不是理解，而只是记录。

那些打算把板书内容全部记录下来的学生，虽然也想听讲，但完全跟不上课堂的进度，因为他们只专注于写笔记了。

课后在家复习和做作业的时候，这些学生还要再重新学一遍课上的知识，因而效率十分低下。原因就在于那样一来所花费的时间就会变多。当然，前提必须是他们确实是在认真重新学习。

此外，他们需要将课上断断续续听讲得来的零星知识努力回忆起来，然后还要看课本和答案，这也是原因之一。

学生只有一边看板书内容，一边听老师讲，并且进行实时思考时，才能对初次遇到的疑问和问题加深理解。

课堂笔记需要的是，学生在上课时的某个时间，将自己注意到，或认为很重要的东西记下来。而且，只有活用课堂笔记，才能大大提高它的价值。

②集中力

提高自己的集中力，无疑也是做笔记的方法之一。这不是说要让学生集中精力写笔记，而是通过改变做笔记方式来达到上课认真听讲的目的。

上课不是几分钟就能结束的，通常一节课的时间都是45分钟或1小时。在这段时间里，即便是成年人，也不可能始终保持精力集中。

虽然每位老师对课堂时间的控制并不一样，但课堂是有节奏的。所有的课堂时间并不都是必要的，并且每个学生都会在某一段时间里没有认真听讲。

当你没有走神的时候，那段时间一定要认真地听讲。如果走神之后又"回过神来"的话，你也不要试图去记录之前自己漏掉的知识，即便后面的东西会因此听不懂也不要把精力放在写笔记上。首先，自己一定要动脑思考和认真听讲。

如果一些学生可以一边听一边记，那自然是没什么问题。不过，这样的学生显然不多。

虽然之前一直在做笔记，可上课就是要听讲（理解）。

所以，我们只需要告诉孩子，"做笔记要在听讲的空隙中进行"就可以了。

只要能把做笔记的时间穿插在听课的时间里，那么学生就可以集中精力听讲（理解）了。

③取舍选择力

取舍选择力是与理解力和集中力联动的。

所谓的取舍选择力，就是在上课时，分清知识的主次顺序，并在重点知识上多花时间的一种意识能力。

就像我之前所说的，对于板书和老师讲的知识，学生们一定要做一个分类。已经了解的就不要再写，只需要记录自己不知道的就可以。

我并不是自夸，可老师在讲课时确实会经常写一些没用的东西。而学生需要在这些东西里做出判断，把必要的知识挑出来进行记录。

反过来说，课后进行系统复习时遇到很难理解的东西，也一定要记下来。

少数非常优秀的学生，在解答出初次遇到的问题之后，还会发现该问题与之前做过的其他题目之间的联系，之后回忆起相关的知识并将其记在笔记上。

比如，他们有时会想："哎？这个问题和之前考过的一个题很像。""它和习题集里的某个体好像有联系。"然后就会进行回忆，并立刻在笔记本上记录下来。这是不是很了不起？

能把问题和疑问点进行比较的学生，其做笔记的方法也不一样。如果无法抓住使用条件和知识点等问题的实质的话，它们之间的区别就无法理解。

对于他们来说，某些知识到底重要不重要，他们会通过老师的讲解和板书进行判断筛选，最后再记录。

我认为，学生所问问题的质量和做笔记方法的得当程度基本上是成比例的。

通过练习笔记提高的能力

①思考力

前面提到的"输出"是学习中不可或缺的一部分。对于学生来说，考试就是最高级的"输出"。在强制力的作用下，考试是"输出"的最强手段。

不过，考试不是随时随地都能进行的，所以我希望学生们都能有自己的有效"输出"方式。在这之中，学生们一定要活用自己的练习笔记。练习笔记是一种可以提高思考能力的"输出物品"。

很多学生恐怕已经把作业笔记等同于练习笔记了。这样做的后果就是会逐渐扼杀学生对练习笔记的活用欲望。

以我的经验，单单以交给老师为目的的笔记，都会令老师怀疑，这名学生在做笔记时到底有没有认真思考。学生做这种草率的笔记，这样的工作就是单纯的"消化"和"完成任务"，因而实在是没有什么用处。

因为，课上认真学习和思考，之后把脑中零散的知识进行整理，这时才是做笔记的绝佳时机。

这就是我们通常所说的"复习"。我希望大家能够在这个过程中认真地思考。是否有复习时间，决定着一个学生的"战斗力"能否发生改变。

②表现力

学生的思考力提高之后，会有怎样的表现呢？这里要说的就是表现力。

到现在我已经看过很多的作业笔记了，很多笔记都在向我传达一个信息：这东西好难啊。看这样的笔记，最能让我感觉到，这名学生的成绩很难有进步。

这种笔记里，到处都是学生写的计算公式。

为了不引起误会，我就简单来说，这种笔记里写的东西就好像一些廉价习题集里的解析。

然而它的价值，还不如廉价习题集，单单做一些解析是没有价值的。一些父母在和孩子一起看过习题集的例题后，脑子里总会飘过一连串的问号，这种经历父母们都有过不是吗？有时也会产生疑问：怎么就用到这个公式了呢？

无论什么样的问题，无论怎么解答，公式与公式之间都是有相应的理由存在的。只有在步骤之间对相应的解法用文字做出解释，才能让解题步骤变得"无缝衔接"。解题过程中加入解释后，解析就会表现出节奏感，由此，一名学生才能将难住自己的知识点和疑问全部解决。

学习不太好（不仅限于数学）的孩子，基本都有笔记只写答案的坏习惯。此前，老师没有指导过他们，要记录答案得出的理由或根据，因而这些学生不习惯正确的做笔记方法。

我会对一些孩子说："就算是数学，你用文字写出来也行。"之后，他们就会毫无顾虑地把解题的理由或根据写出来。要是不写的话，答案也肯定不正确。因为只有在写这些东西的过程中，答案才能变得精炼。

这不是一朝一夕就能练出来的，我希望学生可以活用笔记，即便是错误的也要尝试写出解题步骤。

提高学习能力的做笔记习惯之九：

有效使用笔记，可提高上述五项能力

💡💡 改变笔记的使用方法，让成绩提高

　　本章的最后，我想举一个学生的例子，她仅仅接受了笔记的使用指导，成绩就有了进步。

　　她是一个小学六年级的女生。她上六年级的时候我第一次教她。刚开始的时候她也是经常说"这个好难啊"。而且讲课的时候，做笔记就没停过，上课就像是在梦游。

　　学生到了六年级，讲义就会变多，每道题的容量变大，讲义中的解题过程也会写得多。这虽然是无法避免的，不过就个人来说还是需要自己的努力。

　　我看过这个学生的笔记，笔记本上写得满满当当，做的图也都是按标准尺寸画的。她的性格或许就是这么一丝不苟，可是她的精力几乎全都投入到了这

种漂亮的笔记上面。当然，我觉得课堂上的内容，她也没怎么记住。

数学中使用的公式，都是从等号的位置开始，向下继续写的。可是她笔记上的公式，都是横向往右写。公式从上往下写，这不仅仅是规定，如果不这样写的话，公式的变化就很难看懂。

这个女生从五年级开始就这样记笔记，并且谁也没有注意到她的这个习惯。

因此，我迅速地给了她一些指示。

我跟她和她的母亲说了以下三条：

◎ 不要只顾着写得又多又整齐，以便经常使用。

◎ 用其他颜色的笔或荧光笔划清重点。

◎ 图表尽量不要按照标准去画。

不要只顾着写得又多又整齐，以便经常使用，是因为这样方便去回看，并且我想让她留出一些空白部分。有很多学生，把笔记写得密密麻麻。他们从没想过要留一些空白，而且对于空白部分，也总是想着要填充一些东西进去。正是由于这样的坏习惯，学生之间的差距就体现了出来。

我一直认为，做笔记就要留一些空白。考试练习的时候，六年级学生的试卷基本都是一页一道题，这样是最恰当的。

留出空白部分之后，学生就可以在空白处写一些后来学到的东西，同时也方便老师给学生写评语。

就算不把自己最初的答案擦去，学生也有空间记录老师的板书。这样学起来就比较容易，好处颇多。所以我经常提醒学生，积极地留一些空白，方便日后进行记录。

让她用荧光笔，就是单纯地为了方便理解。运用不同的颜色，公式和知识点等重要部分就会一目了然，复习时对自己也有帮助。那个女生此前做笔记的时候，没有人跟她说过这些，因而她都是只用铅笔或细红笔做简单的记录。

尽量不要按照标准来作图，首先是出于记录速度的考虑。此外，最根本的原因是你无法在考试中按照标准作图。而且，书写速度上去之后，学生们也会注意到，之前所有的课堂时间几乎都用在了记录板书上，而现在只需要拿出一小部分时间来就可以（第三章中会详细说明）。

在指导做笔记之前，这个女生课上的听讲方法就是等待老师进行讲解。老师做板书之前，她也是干等着，她给我的感觉就是这样。

可是，在了解了正确的做笔记方法之后，她学会了给笔记留空白，课堂上时间变得充足，因此她抬头听讲的时间变长了，做笔记的速度也明显加快。当然，相比于做笔记速度的加快，更重要的，还是集中精力听讲的时间大大增加了，这才是终极的目的。

也就是说，她真正地"参与"了课堂学习。

此外，不仅是课堂笔记，她的作业笔记也被写成了"一页一道题"的形式。这样一来，她不仅在学习意识上产生了变化，而且她本人也感受到了这样做的效果。

这个女生之前很不擅长数学，但在学习方法改变之后，她的成绩也有了进步。

那么，具体的笔记使用方法到底是怎样的呢？

从第二章开始，我就为大家介绍与学习能力息息相关的记笔记方法，另外，一些阻碍学习进步的错误笔记的特征，我也会说明。

提高学习能力的做笔记习惯之十：

数学题一般是一页一道。如果能活用笔记的空白部分，学习意识就会改变。

第 **2** 章

可以提高学习能力的笔记
VS
不能提高学习能力的笔记

快速提升听讲能力和思考能力的新常识

✏ 不要被笔记的外观所欺骗

    课堂笔记，作业笔记，自习笔记，以往题目的总结笔记……

    多数学生会把自己的笔记按照情况分成好几类。

    有些人仅仅会按照老师说的把笔记做一个分类，也有人会理解其中的意义，进而进行分类使用。

    这种分类绝不只是给笔记加上一个标题这样形式上的工作，如果能把这些笔记作为一个学习管理的工具熟练使用的话，毫无疑问学习会取得进步。

    这样的学生虽然不多，但肯定是有。而且，他们的学习也确实取得了一定的成果。

    他们不仅在做笔记方法上跟别的学生不一样，而且在最初的分类使用上，就已经和其他人拉开了差距。

写的好看但内容没用的笔记

无论是课堂笔记还是作业笔记，亦或者其他类型的笔记，学生们经常会因为自己做了一个好看的笔记而自我陶醉："这个要不要拿到二手交易平台上面去卖呢？"父母也会被这种笔记所欺骗，心里想着："这孩子肯定没问题"。

笔记上的总结，也只是把课本上的总结部分原封不动地抄写下来而已，可即便这样学生也能因此自我满足。

他们把题号和页码等，用斜体花了很长时间写在笔记本上，还用其他颜色的笔对某些知识做了重点标记，然而其中的内容却变得非常空洞。

虽然对于自己做错的题，学生们都标注了"重要"二字。可那些只知道写笔记的学生，他们标注的"重要"却是偏离主题的。对于他们来说，首先，意识到这种误解，才是最"重要"的。

只要看一眼这种课堂笔记，老师就能明白，"这个学生，上课的时候真的没听讲"。

　　一个笔记的内容到底有没有用，说实在的，不打开笔记本也能感觉出来。

　　有时候把笔记本拿在手里，我会感到有些厚，纸张有些软，这种感觉很细微，但确实存在。之后我就会想："这会是一本不错的笔记吗？"事实也大体如此，里面的内容既丰富又生动。

　　里面不仅有老师的讲解和板书，还写了一些用自己的话总结的要点，不同的内容用不同颜色的笔来写。这样的笔记，很适合学生在后期复习时进行活用。

　　学生能否感受到笔记的使用意义，决定了每一本笔记之间的差异之处。

　　从每一本笔记的记录情况中，我们可以了解某个学生的学习状况。不仅如此，那个学生到目前为止的学习过程，我们也能够看出。

　　那么，我就针对做笔记的方法，在我过去教过的学生中举出一些正面例子和反面例子，请大家务必以此作为参考！

提高学习能力的做笔记习惯之十一：

相比于"是否好看，是否易懂"，"回顾之后对自己是否有用"更为重要。

☺ 抄板书的笔记

☺ "融入课堂" 的笔记

☺ 抄板书的笔记

照抄板书是不对的，这方面的理由，我一直在反复强调。可是，即便是说到这里也还是不太够。因为在上课时照抄板书的学生一直在增加，所以这里我再简单地说一次：

◎ 除了书写速度很快的学生之外，抄写板书会占用很多的上课时间.

◎ 学生会因此错过老师的口头讲解.

◎ 笔记上的知识不分主次，且都写在了同一列.

◎ 对于课堂的主题，自己没有思考的时间。

◎ 一味地书写虽然会抵消自己的不安，让自己感
到满足，可这偏离了本来的目的。

◎ 后期复习时，这样的笔记就用不上了。

以前，有些学生会把我的板书丝毫不差地抄写
下来。

注意，是丝毫不差。意思就是说，黑板上写的东
西，他们会原封不动地抄在笔记的一页纸上。这样做
是不是很难理解？不仅如此，这种做法我都很难跟大
家解释清楚。因为无论什么时候，这种做笔记方式，
除了那个学生本人之外，别人都不知道。

黑板一般都是长方形的，横长竖短，而学生们做
笔记的时候（不仅限于数学），也是把笔记本给横过
来，按照板书的书写模式，原封不动地抄写。

这就好像是把板书的照片贴在笔记本上一样。到
现在，我一想起这些，都觉得很搞笑。当然，书写位
置也是如此。

我看到他们的笔记后会问："哎？这都是些什么啊？"而学生则是一脸天真地尴笑。我没有生气，学生也没有注意到这一点。场面很有意思，那个学生甚是可爱。顺便说一句，那个时候他才上四年级。

然后我说："不不，这样倒是没啥关系，可你这完全就是抄写的啊。"

他答："我妈妈跟我说，一定要把黑板上的东西全写下来。"

他还是挺诚实的。虽然也能体现出一点其他的才能，可他这样下去，到考试的时候该怎么办？

那个学生除了写笔记之外什么也不干，而且，他的母亲认为，只要把笔记写好了就没问题。正因如此，不用说大家也能知道，他在上课时，大部分时间都用来记笔记了。

到他长大的时候，我不知道他还会不会继续采取这种做笔记方法，可这样的习惯肯定会一直伴随着他。

我希望，家长们不要对孩子说"黑板上的东西一定要都写下来"，这句话对孩子来说是很危险的。

☺ "融入课堂"的笔记

能对做笔记方法进行"自定义"的学生，大多数都很优秀。

他们的数学课堂笔记，一定会在最右端留下一处做评价的空间，并且会对黑板上没有的东西、老师在课上讲过的一些知识、自己认为重要的问题、老师无意中讲出的"杂谈"等，进行有效的控制与掌握。这就是我们说的"讲义记录"。

这种笔记随便看一眼就知道，它是非常有价值的。

原因就是笔记上写的内容都不是机械性的。他们会通过自己的思考，对课上讲的知识进行"自定义"，因而这些学生始终都会全身心地投入到课堂当中。

该思考时就思考，该解答时就解答，该放松时就放松。他们在课上做的事，绝不仅仅是写笔记。

我在上课时经常对学生说："就算是黑板上没写，你们要是觉得这个很重要，就简单地记一下。"这样的话易说不易懂，学生要想做到这些还要在平时培养相关意识并多加训练。

"根据自己的判断简记"，这对于学生来说或许是一个比较大的障碍，不过还是有不少男生能够轻松掌握这样的技能。

数学课上，我经常会画图、制表，从公示到计算方法都会全部按顺序写出来。图表、公式等经常会完整地写在黑板上。而此时，（可以说是全部的）学生都在抄写我的板书。

可是，只有一个学生会在此基础上加上自己的话。他在图表和公式之间画了一个箭头。"看看这些图表，就能得出这个公式。""这就是得出的理由。""大致就是这样做出来的。"这样的话，他都会写在笔记上。

"看看这些图表，就能得出这个公式"，这句话是我在课上说的，而那个学生则把我说的话完完整整地记了下来。

我通常会讲一些简单的例题来说明解题的技巧与方法，而这个时候，那个学生就会画上箭头，然后自行写上"这就是得出的理由"这简单的8个字。

这样就足够了，刚开始做到这种程度就可以……不，已经很好了。

为什么呢？因为他在认真听讲，认真思考。可以说，他在课堂上的"参与度"，是全班最高的。

> 提高学习能力的做笔记习惯之十二：
>
> 一定要在笔记本的右端留出空间，用来记录一些"只有真正参与课堂才会发现的东西"。

😩 不作图只“画画”的笔记
😊 把作图顺序显示出来的笔记

😩 不作图只“画画”的笔记

“把图画的好看一点吧！”

到现在，经常有学生对我说这样的话。

他们的想法没有错。图画得好看了，学生就容易看懂，几何问题的解答也会变得相对容易。

可是，画图时是否理解了图的意义，这个问题是很微妙的。

即便是把图画得既标准又漂亮，如果不考虑题目的意义就着手画图的话，可以说这是没有任何意义的。学生要是不考虑这些就开始写，他们就会失去对

图形的把握力。

那些觉得数学很难的学生，几乎都无法抓住图形的基本形态，而只考虑线与线之间的接合程度问题。

他们画的，与其说是"图"，不如说是"画"。

比如，如果要画一个 30° 的扇形，那么他们画出来的，简直就是一个"固定在一个圆锥上的冰激凌"。

要想解这类的图形问题其实并不难，但问题是，他们画了奇奇怪怪的图形，如果别人不说，他们根本不知道。一旦遇到这样的题，不仅会做错，而且连做错的原因都不知道。

扇形是圆形的一部分，是从圆心开始，以一定的半径画出来的图形。也就是说，扇形的曲线部分，由于半径长度不变而有着明显的弯曲，但同时也是平滑的曲线。所以，画这样的图形是一定要有这样的意识。

或许，能画出这种图的学生，都想认认真真地把图画好。可是，正是有了把图画好这样的先行意识，才完全没有注意到，这种图一定要以圆为本质进行绘制。

这些学生在画这种手绘图时，大多都是把线条一条一条地连接起来，而没有考虑到图形的意义。

如果能掌握图形的意义，流畅平滑地画下来，就算不使用作图工具徒手画图，哪怕画得有点杂乱，他们或许也不会把图画得像个冰激凌。

老师开始画图时，学生模仿老师的样子把图画下来即可。平时即便是不按照标准用尺子来画，他们也可以较好地把握角度的感觉，进而画出有利于解题的图和各种线。

这方面的技巧就是：给"边长""对角线""平行""角度"等要素用其他颜色做上记号，并尽量不使用相关用语。

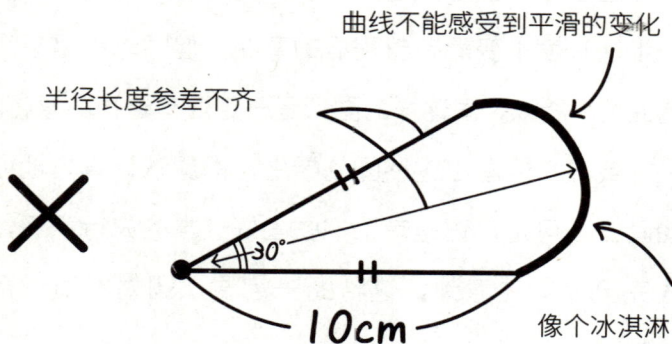

曲线不能感受到平滑的变化

半径长度参差不齐

30°

10cm

像个冰淇淋

标准的曲线
应该是这样的

半径长度始终相同

中心

半径

扇形是圆形的一部分

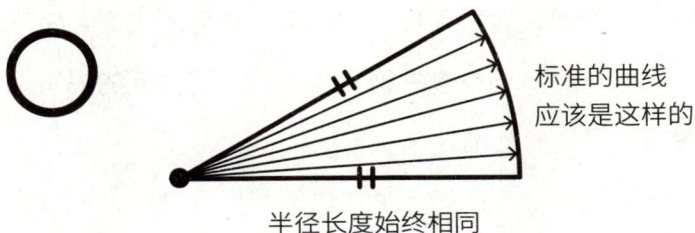

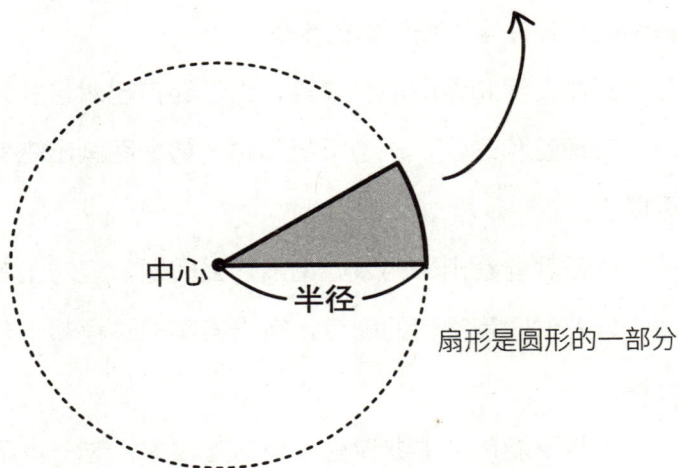

😊 下了一番功夫，拥有极高再现性的笔记

再聊一下关于画图的话题。

在第一章我就说过："在很多学生心里会有一些

误会，觉得只要把黑板上的结果（最后的答案）写下来就可以。"一些学生确实很努力，可他们的书写顺序真的是乱七八糟。

具体来说，比如老师在讲解图形问题时，通过很多解析，用彩色粉笔费了好大劲才画出来的图，学生在画时，却完全不按老师的步骤。

解题过程和作图的步骤等，为了让自己对这些知识能够理解和确认，一边听老师讲一边把图画出来就可以了。

一眼就能看出来的公式倒没什么问题，但对于考试或与考试同等难度的题目，得出答案的过程却十分重要。

我希望能在学生做课堂笔记的方法中，进一步了解学生之间那明显的理解度差距。

尤其是不擅长图形问题的学生，虽然我想让他们多画一些，可那样的学生经常无法自行作图。

即便是只论作图，学生也只是先说一句"我图画的不好"，然后直接把课本上的图描下来。而且，这种"描"，并不能描得深入，因而学生的几何感觉就无法得到锻炼，由此会陷入一种恶性循环。

这样的学生，肯定无法学好课上的内容。

能够让学生学好课堂知识的作图方法，稍稍下一点功夫就能掌握，而且由此产生的变化是十分巨大的。

这样的方法就是将作图过程，用只有自己理解的语言和序号表示出来。

这些东西，只要写在笔记上就可以，学生需要以此来养成一个"只为了自己写笔记"的好习惯。

其实不仅是图形问题，解题的过程中如果能使用只有自己才理解的语言和序号，自己的理解就会加深。

我平时经常对我的学生说这些话，以至于他们每次听到心里都会嘀咕："老师又开始说这些了。"不过也正因如此，那些成绩取得进步的学生，首先他们的做笔记方法就很成熟。

每个学生专注的知识点不一样，因而他们的笔记都是根据自己的情况来记录的。

把学生的笔记放在一起作比较，明明是在同样的班级上着同样的课，可每个人的笔记却是不一样的。

这的确很有趣。

为了让大家更具体地了解，我举一个简单的例子。

这就是立方体的画法。现在，学生们能快速地画好立方体吗？

我觉得，凡是上过学的孩子，恐怕都能画出来。不过，这也有可能是学生们经常画立方体的缘故。

那么，正八面体，能画出来吗？

学生们可能会想："那能是同一个难度水平的吗？"但是，只要理解了图形的性质，它们都是同一个水平的问题。

立方体和骰子是一样的，都是由六个边长相同的正方形围成的。而如果要将立方体画出立体感，则无论怎样，都有必要画一些斜视图。

这样一来，有些学生就要开始苦恼了。他们觉得，立方体的斜视图，是一种很难的问题。

其实不然！这个问题，只需要沿着视线的方向，把线延长就可以了。

图画过之后，该做什么呢？

关于这一点要是写成文章的话就太长了，所以简单地说就是，按照自己的理解，用序号或记号标记上，就可以了。

另外，不只是序号和语言，稍微用一下粗荧光笔，以颜色来区分，也是可行的。自己如果能把这些东西给视觉化，那么老师也不会有什么意见。

这样一来，自己在家复习时，笔记就有了回顾的意义。而且，日后笔记也会拥有活用的再现性。

立方体

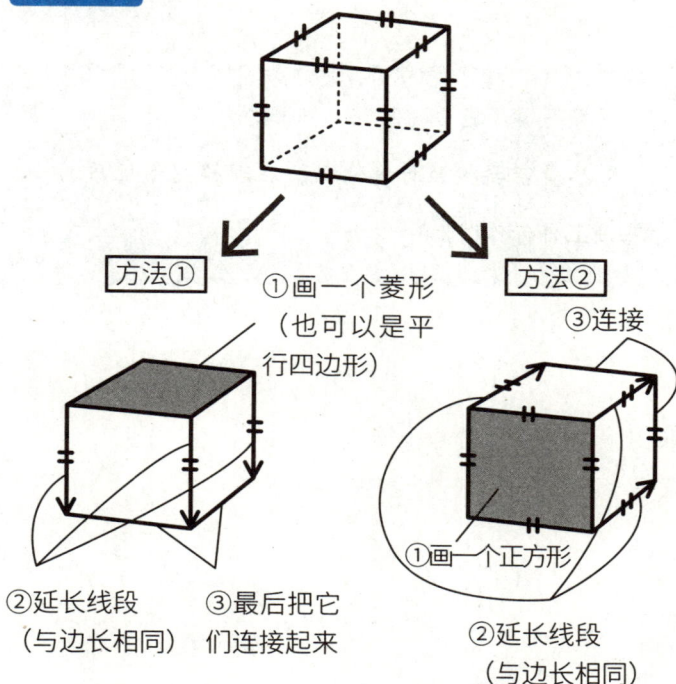

方法① ①画一个菱形（也可以是平行四边形）

②延长线段（与边长相同） ③最后把它们连接起来

方法② ③连接

①画一个正方形

②延长线段（与边长相同）

边长参差不齐

边与边长之间不平行，没有理解立方体的实质。

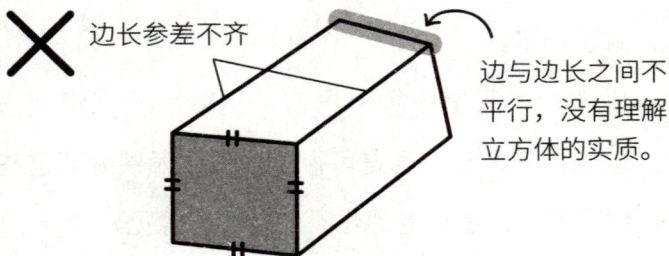

以此图作为参考，挑战一下正八面体吧。正八面体是由八个正三角形围成的。

提高学习能力的做笔记习惯之十三：

尽量不要按照标准来画，在理解图形性质的基础上自行作图！

☺ 毫无变化，认真书写的笔记
☺ 知识点强弱分明的速写笔记

☺ 以"认真"书写为目的的笔记

孩子在进入小学的时候，父母总是教他们："笔记一定要认真写。"

他们在小学时，就养成了这种习惯，而这种"认真"的"魔力"，是很难避开的。这是一件很麻烦的事。刚开始遇到这种情况，我都会有一个疑问："'认真'是什么意思？"

有些人会跟我解释："意思就是认真写。""认认真真，把笔记写得很好看。"

可是如果学生"认认真真，把笔记写得很好看"的话，做笔记的速度无疑会变慢。

做笔记的速度变慢，对考试学习是没有任何好处的。

学生在记录板书时没有跟上的话，后期因为必须要听讲，则他们对课堂知识的学习就会变得断断续续，渐渐地学生对知识点就无法理解了。

这就是所谓的"赶不上课堂节奏"。这种说法是不是挺可怕的？可这样的学生真的很常见。而且因为人数很多，老师还无法一个个地进行指导。

而在家等待孩子放学回家的父母们，也会因为认为"孩子确实在努力学习"而忽略了这一点。

另外，更可惜的是，有些学生不仅记笔记速度慢，而且他们的笔记写得一点也不认真，字还非常潦草，因而也谈不上"好看"。

不过一些比较优秀的学生，他们的字写得也并不好看，乍一看与其他学生似乎没什么两样。可优秀学生的"杂乱"跟其他人是不一样的，因为他们所记录内容的质量与别人有明显的差异。

那些书写速度较慢的学生，大都错误地以为，上课时间就等同于做笔记的时间。

之后回顾的时候，他们自己都不明白在笔记上写了些什么，因为他们没有在理解的基础上去写，归根结底还是没有认真听老师讲。

而有些学生，虽然会让老师以为，"这个孩子，进度很慢啊"。然而，学生自己恐怕并不这么认为。

这是为什么呢？因为他们对记笔记的时间把握得很好。

虽然整体进度较慢，需要后期补习，不过这些学生本人完全不着急。有时我还没有开始在黑板上写，他们就已经把笔拿起来了，心里想着"接下来写点什么好呢"，随时做好做笔记的准备。

在面临考试的家庭中，父母与孩子总是争执不断，因为这样的学生与父母在观念上存在代沟。虽然原因不仅仅在于此，但这也算是缘由之一。

这些学生的父母在看过孩子的笔记后会问："你认真学习了吗？"而孩子只能回答："不知道"或者"不是你想的那样"。这样的对话几乎每天都在发生。

那么，到底怎样做才能让书写速度和记录内容的质量都有所提升呢？

那就是，要养成一种不记无用内容的习惯。

在上课前一定要简要预习一下课本上的内容。

这样一来，你就会感觉到课上的内容和课本上的大致一样，有些知识就算不记在笔记本上也没有关系。所以，一定要做好预习。

这种方式的确可以缩短学习时间，但绝不是为了让孩子有时间去玩乐的。

我希望学生们可以在节省出来的时间里认真地、丝毫不落地去听讲，同时，利用这段时间进行思考。

只要做好了课前的准备，并能在上课时认真听，学生就自然而然地可以明白，什么需要记，什么不需要记。

书写速度慢的原因，一般都是学生把"记笔记"当作了唯一目的。上课时只做笔记的话，是很耗费时间的，所以，对于笔记，大家还是"悠着点"写吧。

总之，学生千万不能想着"把所有的东西都写下来"。

😊 知识点强弱分明的笔记

笔记写得很漂亮，书写速度基本就都会变慢。可是，一些优秀的学生，不但笔记做得漂亮，而且做笔记的速度一点也不慢。不仅如此，单论"动手速度"，他们照样很快。这是因为，这些学生从来不做那种冗长的笔记，做笔记的方法十分得当。

不过，最根本的原因还不在于此。实际上，即便写得很慢，他们也能做到那种程度。甚至可以把更值得注意的知识点迅速记录下来。

其中的理由还是在于记录的时机，该记的时候就记。如果这些学生认为某个时间应该认真听讲，他们肯定会用心去听的。

上课时纵观整个班级就会发现，这样的学生在我讲到重点时，目光总会和我交汇，听讲的次数要远远多于其他学生。我对他们的印象，就是课堂上的他们会迅速地记录某个知识点，然后抬起头继续认真听。

这样的状态，从这些学生日常的学习态度中就可以感觉到，他们在接受老师的指导时会更加有利。

我常说，老师也是一个普通人，也会觉得那些认真听讲的孩子很可爱。所以，老师自然希望每个学生都能注意抬头听讲。

用心听课的学生，尤其是对于老师没有强调的知识，如果本人觉得有必要，他们也会做上标记，在笔记和教科书上全都记下来，然后自行分清知识的主次强弱，这样的笔记也方便他们在后期灵活使用。

善于掌握记录时机并且能快速记录的学生，会在脑中处理很多信息，并且能够想到接下来自己需要思考什么内容。

他们做笔记的速度可以紧跟思考速度，由此，他们的解题速度也很快。

相反，写得慢的学生，处理速度也相对较慢。由此，解题的速度也会落后于其他人。并且，专注力还会下降。

无论我说多少次，毫无疑问，那些用自己的语言做笔记的学生，在相应的时间里都是在动脑思考的。

通过作自己专属的笔记，他们的思考活动也会相对活跃。这样的学生，学习成绩必然会与那些上课只知道做笔记的学生拉开差距。

> 提高学习能力的做笔记习惯之十四：
>
> 课本上有的知识就尽量不要再写了，以此来加快做笔记和思考的速度！

😵 用红笔把答案抄下来的笔记
😊 "输出"能力明显的笔记

从这开始，我要对以"输出"为主要用途的练习笔记，做一些介绍。

能够对练习笔记进行自主使用的学生是非常少的。原因就是，面临考试的学生，学校和补习班的作业都很多，大多数的学生，都把作业笔记当成了练习笔记。

😵 不时用红笔"渲染"的笔记

到现在，我看过的学生笔记，少说也超过20,000本了。其中也有一些令我非常喜爱的，可以说，简直就是"别人家的笔记"。

每当看到这种笔记，我都会跟那个学生开玩笑说："你这笔记，我都想花钱买了……"

相反，也有很多做得很差劲的笔记。看到这些，我就想对那些学生说："为什么你们都上着一样的课，做笔记的差距怎么这么大呢？"

那些差劲的笔记，绝大多数都是学生对于不会的问题，自己的思路一个字也不写，而是用红笔把答案抄上。也就是说，整个笔记，只有铅笔和红笔两种颜色。

自己会的一些简单问题，就用铅笔写上，至于其他的，他们从来不把自己的理解写在上面，而是后将答案用红笔记下来。

他们在写的时候，也会产生一些"啊，这个有点微妙""可能挺难的"等之类的思想变化，但就是不把这样的想法写在笔记本上。

这方面做得很不好的学生（这样的学生是非常多的），他们都会以"自己用铅笔写的答案与最后的答案不一样"为理由，用橡皮把之前写的内容擦得一点不剩，然后再用红笔把正确答案抄上。

这种学习的风格，会让学生感到学习困难，并因成绩无法进步而烦恼。而且，用红笔写的内容必然会占到大多数。

总之，我总会在这样的笔记里写上"别（把自己的答案）擦掉"之类的评语，可学生却总是改不了这个习惯。

造成这种情况的原因，大多都是学生把"做作业（完成任务）"当作了主要工作。

这些学生，一般都有着希望老师认真看自己的笔记、蒙混过关、应付家长对作业的严格检查等倾向。

那些对子女的作业严格要求的父母，经常对我们这些当老师的人说："我们家的孩子什么都不会，所以也请老师您一定要对他严格要求。"

但是"输出"的重要性可绝不是这么简单的。

首先，自己好不容易写出来的答案，一定不要擦掉！

因为在学生写出来的那个瞬间，它可以体现出当时的状态，而且这种学生自己写的答案，也是他们成长的足迹。

就算是写错了，老师也可以从学生的书写中发现很多问题。这些都是只有其本人才了解的。因而学生自己写的答案绝对不能被隐藏。

"这道题为什么没做出来？"

"这道题为什么没能早点解完？"

这类问题，我平时经常问，而学生总是因此在不知不觉间产生了意识上的变化，心里想："好吧，那我以后就早点搞定。"

作为老师，如果看不到这些作为"成长足迹"的答案，我们也很难给予学生正确的指导。所以，把自己的答案全部擦去，是最糟糕的做法。

这就好比，体操教室里的教练对孩子说"先尝试一下前滚翻吧"，可他却站在那里纹丝不动，这时教练只能说："这样我怎么指导你啊？"

有些孩子做前滚翻时不把手撑在垫子上，直接把头低下，一下子滚了过去，教练此时会说"首先要用手撑住"之类的话来进行相关指导。可是，那些一动不动的孩子，即便父母跟教练说"老师，我们家的孩子不会体操，请您给点指导吧。"教练也很难对其进行指导。

这样的父母，不希望也不允许孩子失败。这种想法，他们经常会传达给我。

可是，只用红笔抄写答案这种习惯如果继续下去，成绩是不会有所提升的。

☺ "输出"迹象明显的笔记

笔记"只为自己而做"的话是完全没有问题的。甚至可以说，只有写上自己想写的东西，笔记才能成为可以活用的东西。

之前举的那些例子，那样的学生有很多，这种现状令人遗憾。但是，与此相对的，也有一部分学生，会按照自己的想法去做属于自己的笔记。

这些学生会把自己的想法写出来，他们的成绩也会因此有所进步。

这类笔记大体的特征是，字比较大，书写比较有力量感，这就好像是在对我说："要是不赶快写下来，脑子里回忆起的图和公式就会很快被忘掉。"

虽然写得不是很美观，但是里面的解答和思考过程却记录得非常细致。

能对笔记进行有效利用的学生，修改错题的方法也很得当。

无论是考试还是其他时候，题目做错时，大多数学生都会先去看答案。

可是，那个学生则是先看自己的解答，弄清楚自己出错的步骤和原因。

笔记上有些题虽然只做了一半，但是如果这一半是你努力思考过才写出来的话，那么做到一半就做不下去的原因，以及是被什么地方难住了，你都会了解。

一旦有了错误，就要发现它、确认它。这虽然是一项普通的工作，但不是所有人都能做到。

自己在脑子里努力"下载"解答的过程，然后再写下所有想出的，哪怕是不完整的答案，这样也会感觉到"做到这种程度也能让自己学到东西"，不是吗？

如果学生可以在某种意义上自由地使用自己的笔记，家长就会无法对他的学习说三道四。也正是基于此，他的学习看似"自由奔放"，但在日常生活中，各方面的界限与主次还是分得相当清楚的。

虽然可以不时地放松一下，但这位学生却完美地实践了"该学习时就学习"这一理论。

提高学习能力的做笔记习惯之十五：

千万不要把错误的答案清除掉，不懂的问题也要尽量将解题过程写下来。

☹ **笔记用完了就扔**

☺ **作为"学习成长记录"继续活用**

☹ **完全抄写黑板的笔记**

有些学生，在把笔记用完之后，感叹一句："终于用到最后了。"接着就把笔记扔在了一边。

这样是不可以的！我经常对学生说："绝对不可以把笔记扔掉。"况且，事实本来就是这样，这样的话，我已经不知道说了多少次了。

学生到底有没有把用完的笔记扔掉，我无法一一确认，但我可以从某些奇怪的现象里得到答案。

学生问我问题时，有时候我会讲到一些之前讲过的东西，接着我就会不经意地问一句："以前做的笔记还在吗？"然后学生就会若无其事地回答："早就扔了。"说实在的，我听到这样的话可以说是惊呆了。我很想问一句"为什么要扔？"可当时的我已经是无语了。

还有些学生，虽然没把笔记扔掉，但"我把它放哪里了呢"之类的状况，与前者并无二致。

笔记只有随时都能拿来用才会有意义。虽然把笔记放在了家里，但自己根本想不起来具体放在了什么地方，这样的话笔记就没有用了。所以，仅仅把笔记存放起来，就等同于把笔记扔掉。

之所以会出现这种情况，就是因为平时没有活用笔记。

换句话说，因为无法活用，学生对笔记的使用就会很不规律。而且，最重要的是，里面写的内容没有丝毫重点，因而学生也无法记在脑子里。

而我想说的是，之前写过的笔记一定要去回顾！

练习笔记的作用，就是检验学生的理解程度，这是"输出"功能所必需的。同时，它也可以方便"记录"。

无论成绩如何，无论学生上几年级，一本笔记会含有很多信息。而那些信息又会包含一些连自己都不会注意到的东西。

就算是做笔记时使用的方法不太得当，那本笔记依然是一个重要信息的宝库，并且无法被取代。

这就是学生自身的学习成长记录，因而绝对不能被闲置。

☺ 作为"学习成长记录"来活用的笔记

无论是在工作中还是在学习中，一本笔记大约是30张纸，正反面共60页，10本笔记就是600页，100本就是6000页。如果一名学生从五年级开始算的话，各个科目的笔记加起来肯定会超过100本。

这6000页的笔记，最后要扔掉吗？当然不能扔。

其实，一名学生至今使用过的所有笔记都可以归为一种。

因为笔记里所记录的各种知识都是有先后顺序的。所以笔记就是一名学生步入下一个成长阶段时所使用的武器。

学生在学习的过程中，是怎样成长起来的，遇到过什么样的困难，以及可以反映自身潜力的弱项，老师都可以通过笔记来了解。

所以，学生不要与自己的笔记"断舍离"，一定要把它当作重要的东西进行保存！

提高学习能力的做笔记习惯之十六：

回顾那些记录着自己学习轨迹的笔记，可以发现自己未曾注意到的潜力。

☹ 没用的东西太多的笔记
☺ 将不必要知识省去的笔记

☹ "可以不写的"东西太多的笔记

有些学生，我在看过他们的笔记之后，总觉得，一直以来他们的学习似乎很吃力。

从他们的笔记中，我可以经常看到，里面记录了很多没用的东西。

作业笔记里，大多数都是练习题。因此，通过自己的深思熟虑，快速地将答案得出并写下，是十分必要的。"输出"的最终目的就是应付即将到来的考试。而且，学生不仅要解题，还要尽量地把解题不需要的内容去除。

可是，总有那么一些学生，可能是认真过度，亦可能是学习不得要领，他们把没用的（不太重要的）东西在笔记本上记了一大堆。

比如，遇到图形问题时，他们通常都会写"三角形ABC""四边形DEFG""角EDA"，可是图形中边和面的字母是不需要专门写上的。我在黑板上画的时候，也是基本不写。

随着图形变得复杂，必须要写的文字也会变多，这样就会对学生的图形把握力造成障碍。采取这种做笔记方式的学生，大多数学不好，而图上写了太多没什么用的记号之后，就会形成一种该图形问题看上去很难的错觉，进而就懒得去思考。

这个时候，学生用荧光笔做一些标记，然后舍弃一些没有必要的东西就可以了。

另外，还有很多学生，以他们的水平，很多式子心算就可以解决，可他们还要刻意地把笔算过程写出来。

以前，有一个五年级的学生，他的笔记旁边就写着"5+8"这样的笔算过程。

我看了之后问他："这有必要吗？如果什么都要笔算的话，写的东西是不是有点太多了？"

那个孩子说："可是，不把笔算写出来，题就做不出来"，不过我知道，事实并非如此。以他的水平，这些东西完全用不着笔算，而他也不是成绩不好的孩子。

但是为什么会出现这种情况呢？

那个学生在计算的时候，由于经常书写笔算过程，他形成了习惯。

也就是说，他不是不笔算就做不出题，而只是习惯使然。没错，"只"是习惯使然，没有别的原因。如果能意识到的话，这个习惯是可以完全改正的。

所以我经常对这样的学生说："不，不是因为这个，是因为你一直这样写，所以暂时改不了这个习惯。以后，不管你花多少时间，这些东西你心算就行了。"

一直以来，没有人给他们指出这个问题，就是因为他们最后都能把题做对。可对我来说，就算是题目最后做对了，基于我多年的经验，我也明白，题目做对跟这个是没有关系的。

没有必要写的公式和数字，说白了就是没用的内容。

如果能减少一些计算式的书写量，不仅解题速度会有所提升，正确率也会增加。

😊 摆脱"一本正经的笔记"，成绩就能进步

除了那些做的不好的笔记之外，还有一些笔记，会让人看了之后不禁感慨："这笔记做得不错嘛！"所以我现在介绍一下这种笔记，请大家务必做个参考。

当我看到这种笔记时，我会非常愉悦，觉得这笔记上写的简直就是课本上的标准答案。

与前面的例子相反，他们的解题过程里没有那些没用的内容。

之前说过，有些人把没用的（不太重要的）内容在笔记本上记了一大堆。换句话说，这种笔记就是"一本正经的笔记"，唯一的用处就是给老师或家长看。

与此相对的，现在介绍的这种笔记，其中的每一页都能让人感受到学生的实践过程与学习意识。

这样的笔记包含着学生的一种紧张感，就好像他们在考试中与时间赛跑、与问题对峙。

计算的时候，他们没有用草稿纸，而是在笔记旁边的空白处进行，同时，对于做错的答案，他们也没有把它们全都擦掉。可以看出，这样的学生，为了这个笔记倾注了自己全部的精力。

尽管他们的笔记看上去有点杂乱，还有很多没有擦干净的笔迹，但是能够看出，他们是在努力缩小思考的时间差，看得我都想给他们加油了。

这样的笔记，纸张明明与其他的笔记是一样的，可对比一下就能感觉出，它很有厚重感，也能体现学生做笔记时的投入状态。这只是我自己的感觉，因而可能不太好表达给他人，可这种笔记绝不会有那种轻薄的感觉。

几年前，我的一个学生的母亲曾对我说："孩子的笔记这么难看，可您还能认真看下去，真的很感谢您。下次我一定让他写得好看点儿。"

而我听闻此言，先是吓了一跳，然后赶紧说："不，这样就挺好。要是这种做笔记习惯改变了，它的优势就没有了！"

那个学生从低年级的时候开始，就不断地被学校和补习班灌输"笔记要写得漂亮"这种观念，而她的母亲也因此开始注重这方面。

对我而言，这样的笔记就仿佛是学生在对我说："有什么需要修改的地方吗？"

笔记上的字写得确实不好看，不过我还是会说："我正在看，没有关系。"

之后我就能感觉到笔记的"跃动感"和"速度感"，这种感觉如此明显，就好像浮现在眼前一样。

> 提高学习能力的做笔记习惯之十七：
>
> 多余的文字和数字，以及可以用心算解决的算式等，就不要再写了。

☹ **错字连篇，潦草不堪的笔记**

☺ **独立记录，能帮助自己解决问题的笔记**

☹ 学生做的笔记太幼稚是因为"过度保护"

曾经有一个五年级的男生来找我做考试指导，他平时在学习上比较依赖母亲，经常向母亲"咨询"。我先看了孩子所用的教材和练习笔记，说实在的，看的时候我吓了一跳。

到现在为止，我已经看过很多学生的笔记了，可这个孩子的笔记，真的非常幼稚，以至于我都猜不出他现在上几年级。

错字漏字、字不写在方格里倒也没什么，可字体却大大小小混乱不堪，很明显是随当天的心情来写的。此外，内容上下左右都没有对齐。也就是说，整个笔记都极其幼稚。

我可以感觉到，他没有认真学习。就连他母亲也说："他快要考试了，要是让别人知道了他会感到很羞愧，所以没有跟别人说过。"确实，我也立刻就明白，这才是根本原因。

那个时候，他的第一志愿是一个被称作是当地第一的学校，升学率很高。而他当时的补习班老师曾对他说，只要你努力，就没什么问题。

不过，我是这样对他妈妈说的：

"我觉得补习班的这个判断太天真了。很明显，孩子的笔记根本就达不到五年级的水平。虽说有很多男生学习方法不成熟，可即便这样也不行。"

然后，我看他的笔记时，又发现了很多不对劲的地方。我继续说："接下来的话，如果我说错了，我跟您道歉。孩子平时是不是犯过一些幼稚的错误？然后因为这个，您在每件事情上都想要帮助他，是吗？"

这句话，说中了要害。

那位母亲也跟我说了一些平时他们帮助孩子去做

的事：制订学习计划、给孩子收拾书包、全程监督他做作业、打印习题等。简单来说，除了一些孩子自己才能做的事情之外，他妈妈基本参与了其他所有事情。

老实说，这样下去孩子永远无法得到成长。至少，与同年级的学生相比，他在对某些意义的理解上自然会落后于其他的孩子。

针对他的情况，我跟他的母亲相继提出了"这件事情上请不要出手干涉他""请暂时让他自己去做那件事"等建议。虽然我嘴上说着"这件事、那件事"，可是心里面，我却希望她能在所有的事情上都放手让孩子自行处理。

其实不光是这个孩子，说句不太好听的，这样的例子真的是没完没了。以至到最后，有些问题，如果家长、孩子或其他人不跟我说，我根本不知道。

身为父母，有时很难冷静下来，因而他们必须跟某些人来反映问题。本来，我希望他们能对孩子的老师说，可有时这样做还是挺困难的。

笔记中所表现出来的不成熟，无疑也是日常生活的反映。

在考试学习时，像这个男孩一样在各方面都需要父母帮忙的学生，大多数都缺乏必要的思考能力。他们每次遇到难题都不会自己思考，而是让父母为自己做好准备。

如果你有"这样也没关系吧"之类的想法，那就大错特错了。父母这样做，会完全扼杀子女的预知力和努力欲望。

☺ 自己思考，自己努力，自己完成的笔记

我曾经说过："严格说来，做笔记的方法不是那么轻易就能改变的。首先，他年纪尚小，因而需要从生活方面开始改变。生活没有变化，还想着在学习上做出改变，这种想法未免过于任性。刚开始，您作为母亲，首先要做出改变。"

从这开始，渐渐地，这个学生得益于生活上的变化，所做的笔记也和之前不一样了。当然，不仅仅是笔记，这个孩子的成绩也毫无疑问地有了进步。

我从来不说"笔记一定要这样做"之类的话，我

只想看到学生们改变一下生活态度。

这种情况下，学生就算是能注意到自己做笔记的方法不妥，也不容易得到改进。

这个学生此前大多数时候，从不进行简单的计算或心算，所有的几乎都是笔算。而我，每天晚上都对他言传身教，外加一些视频教程，尽我最大的努力指导他。

最后，他在补习班的考试中，偏差值从之前的50出头提升到了60以上，并接近70（偏差值在50以上，属于较好成绩。偏差值在60以上，可以上较好的大学）。只用了两年时间，他的成绩有了明显的变化和提高，最后顺利考上了自己的第一志愿学校。

> **提高学习能力的做笔记习惯之十八：**
> 与其改变幼稚的书写方式，不如先让自己养成"自己的事情自己做"的好习惯。

☹ 只记录基础问题的笔记
☺ 兼顾基本和应用两方面的笔记

☹ 反复学习基础知识，真的可以提高学习能
力吗？

一些学生总是在烦恼，虽然自己学习很努力，可
成绩却一直没有提高，这是为什么呢？

这方面的理由，我在前文已经说了很多了，可能
对笔记的理解，还存在其他问题。

那就是基础问题和例题的处理方式。

部分学生学习很努力但不出成绩的原因，就是课
本上的一些基本练习题，他们已经做的很熟练了，可
依然要重复去做。

他们之所以成绩上不去，就是因为一些基础问题做的次数太多了，由此丧失了思考的能力。

"基础才重要""反复学习基础问题可以提高学习能力"等话，我经常能听到。所以，人们可能会对这个原因感到意外。

比如，在一些重点学校，哪怕一个学生只做错了一次，老师也会说："为了让你能够彻底掌握，你要反复去做。"由此，那些没有掌握学习方法的、不太聪明的，以及比较"实在"的学生，就会反复去学习一些基础问题。

就这样，他们把同样的问题做来做去，这是完全不对的。虽说这种做法也有必要，可是这也会让学生无视题目的本质，让这种记忆过程变成一种表面上的工作。

有些学生，根本不了解问题的本质是什么，也不知道自己听讲的内容是什么，只是把答案这种最表面的东西写了上去。也就是说，他们根本就没有听懂，就开始做题了。这样一来，当遇到一些应用题，只要把问题变一变，这些学生就做不出来了。

😊 从基础和应用两方面提高学习实力

为了不让大家产生误解，我还是要说，基础依然是很重要的。

对基础知识的学习当然不能懈怠。可一遇到应用题，一些学生就不会做，原因就是他们无法从应用题里看到所学的基础问题。在刚开始做应用题的时候，学生需要知道自己要用到哪些基础知识。

这就好比，打棒球的人必然需要在"击球中心"进行击球训练，但是，初次站在真正的比赛场上，看着投手扔过来的球，击球手还是有很多需要注意的方面。

而且，就算是做不出来，包含应用题在内的各种题型还是有必要挑战一下的。

那些只会做自己已经了解的题目的学生，大体的特征就是一遇到应用题，他们就一个字也不写，也不打算问问题。如果仔细看一下的话还是能够发现问题的，可他们只看了一眼题目，就放弃了。

就拿我的爱好跑步来打比方，假如1千米的路程，我用15分钟跑完为训练目标，训练了一两年，如果突然让我用4分钟跑完1千米，我肯定是做不到的。事情就是这么简单。因为我没有练过用4分钟跑1千米。总之，气喘吁吁也好，累得上气不接下气也好，如果不尝试用4分钟跑完的话，你就无法发现自己在跑步方式上的各种错误。以相应的节奏开始训练之后，就会越来越多地发现，跑步姿势、手臂摆动和脚部着地的方式存在很多不当之处。同理，学习也是如此。

提高学习能力的做笔记习惯之十九：

不要只做基础题目，在应用题中发现基础问题，可以提升你的学习力。

第 3 章

学习效率的差距就体现在这里
——强大的做笔记技术

只需两行笔记就能让你掌握知识的秘密招数

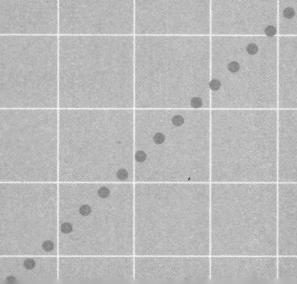

✦ 当天学到的东西，在课后用两行字记下来！

在本章，我要介绍一些快速做笔记的技术。

这种技术，可以提高学生的理解度。

我把它称作是"技术"，或许有些夸张，不过确实很简单，你现在就可以学会。不仅窍门简单，还会让你的学习成绩快速进步。

那就是，在上课结束后，在笔记本的最后一页，以"今天学到的东西"为题目，以自己的话，用两行字简要地写下来。

无论是在补习班，还是在学校，课堂结束后，要在本子的最后一页写上"第一次了解的东西"和"今天学到的最重要的知识点"。

形成这样的习惯后，你的学习状态会有很大的变化。

迅速回顾所学知识，对脑中的信息进行整理

比如，一个成功商人的记录工作向来做得不差，无论是账本，还是智能手机，形式虽然不同，但他们始终没有忘记回顾。

在我周围，有很多从事其他行业的人。但凡是工作做得好的人，他们经常会在笔记本上记录一些东西，有些人还会写日记。

快速地自行记录，这样的工作，无论从何种意义上说，都是对人有益处的。

而迅速进行回顾，则会降低遗忘的风险，而且，它还可以让人同时对脑中所记的内容进行整理。

所以，一些重要信息的确认、之后需要回顾的信息，以及不能确定的和必须查阅资料的内容，如果能尽早处理的话，就可以避免一些重大错误。

尽管学生在课堂上已经学到了很多各种各样的知

识，可是笔记决不能写完就完了，为了能让学生积极动脑思考，每天我都会考虑针对解题的过程给予学生一些提示。

举例：×××问题→需要注意×××！

就像我之前所说的，课上学到的知识，老师说非常重要的东西，甚至是自己注意到或感觉很重要的，都要用自己的话简单地记下来。

而只写两行的理由，就是为了方便你去看。而且，两行的书写量，也可以帮助你形成这样的习惯并继续做下去。

如果只写一行的话，搞不好学生可能只写一句话就结束了。虽说只写一句也不是不行，但是课上认真听讲学到的所有知识只用一句话来概括，学生们可能办不到。

有些学生在上课时真的非常兴奋，最后写上一句"我很感动"之类的话，这样其实并不好。可要是他们确实把所有的知识都记住了，那我也没什么意见。

说真的，如果我说"把今天学到的东西写在笔记本上"，有些学生肯定会写"今天我们学了'速度’，完毕！”

所以，要是写两行的话，因为学生们必须要多写一点，所以那一瞬间，他们会在脑子里回顾课上所学的东西。并且，他们还会去翻看课本和笔记。这才是最根本的目的。此外，这样也可以让他们持续记录自己所认为的重点。

之后再复习的时候，他们或许会发现，“啊，这回我有点理解不了这个地方了”、“我只能考虑到这种程度”等，这样一来，学生就得到了自己的成长轨迹。

虽然有的学生可能会认为这比较麻烦，不过一旦形成习惯，他们也会适应的。

由于这一点真的很重要，我从另一方面再说明一下。

这两行字的目的，就是为了进一步提高学生的学习效率。

而且，学生也会借此进行“反省”：“那个时候，我在做什么，又会些什么呢？”“以前的疑问现在还是没有解决。”由此，学生不仅会在脑中对知识进行整理，上课时还会比之前更加活跃。

如果你之前曾经有过"由于太专注于抄写板书而为没有理解重点"之类的反省，那么从现在开始就用这种方法将它慢慢摆脱吧。

我希望，学生能够通过这种成年人都不会的做笔记方法，来发现这种方式的意义。

顺便说一句，对那些比较在意孩子在课上是否认真听讲的父母，我经常推荐给他们一种方法，即问孩子"今天学到了什么"，来确认孩子是否认真听讲。

当孩子被问到这种问题后，会迅速地回忆相关内容，此时他们会在脑中整理学到的知识，对知识的记忆也会因此变得牢固。

如果孩子能回答上来，那是因为他们确实认真听讲了，而且把知识牢牢记在了脑子里；如果回答不上来，那就说明他们没有认真听。

当然，要是孩子答不上来的话，父母也千万不要跟他们生气。

因为，这样做的目的，只是为了刺激孩子们的学习欲望，因而父母们可以找一个适当的时机去问一下孩子："今天都学了些什么呀？"

　　对学过的知识进行简单的回顾和回忆之后，此前自己认为很重要的，或者理解不足的地方，也会因此变得明朗。

　　这便是"今日所学，两行总结"的技巧，将它应用在做笔记上，学习必然会有成果。

　　提高学习能力的做笔记习惯之二十：

　　把课上学的东西用两行字总结下来，回顾当天所学的知识。

✧ 关于角度的问题，千万不要标注"角度"！

这一次我专门举出四个几何问题的例子，从这些问题来详细说明错误的做笔记方法。

首先，是角度问题。对于求角度的题目，学生们很容易把它做成一种毫无意义的工作。那是因为，学生总爱在图（角）的一端把角度写上。

不擅长理解角度问题的学生，总是想着先把和答案没有任何关系的一些角度写上去。

比如，某个求角度的题目，图形中有正方形和正三角形，那么我们就会发现很多90°（有直角标记）和60°的角。而某些学生则把这些角度全都标上了，丝毫不管它们与最后的答案到底有没有联系。

我在上课时经常说:"正是因为这是求解角度的题目,所以你们一定不要写角度。"

这类问题,大多是考察学生,不仅要注意角度,还要关注边的长度。

在中学生水平的题里,把角度写上是没有用的。不过,在小学生水平的一些题里,学生可以写上一些。

接下来,我就把我课堂上讲的解题技巧,用图和文字给大家再现一下。

虽说有些方法与中学生考试的关系不大,但不管怎样,请大家把这当成是头脑风暴,抑或当成是小测验,然后去挑战一下吧。

问题一

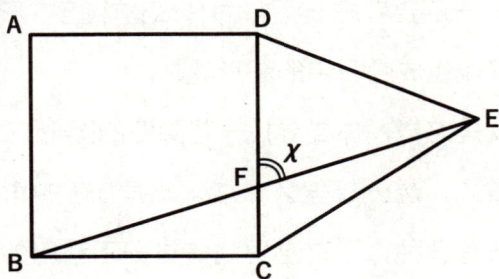

上图是由边长相等的长方形和正三角形组成的,求 x 的角度。

错误的方法

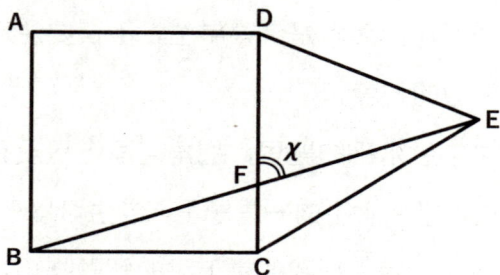

在角的端点上标注了角度，然后就做不出来了。

因为求的是角度，所以有些学生就把正方形的90°和正三角形60°全都标上了。

这样是不行的。

你一定要考虑一下，为什么这个正方形和正三角形恰好能组成题目中的图形呢？

就是这样，你要寻找一些隐藏的图形。

首先，想一想怎么才能求出角DFE的角度。求解的方法有多种，不过这里我先讲一下利用外角来求解的方法。

> 角ECF为60°（因为是正三角形的一个
> 角），∠DFE=∠ECF+∠CEF。

也就是说，你只需要求角CEF就可以了。

虽说我们要求的是角CEF，那为什么这个问题会涉及正方形和正三角形呢？

因为这需要用到相关的图形性质。

该题目中，两个图形是相连的，且共用了一条边，因而所有边的边长相同。

如果你能发现等腰三角形BCE，注意一下∠BCE的话，就没问题了。

> ∠BCE=90°+60°=150°
>
> 所以，∠CEF=∠CBF=30°÷2=15°
>
> 则，∠DFE=60°+15°=75°

过程大概就是这样。

这个问题的关键就在于，你能否发现其中的等腰三角形。

正是因为正方形和正三角形的存在，所以才会形成BCE这一个等腰三角形。要是能理解这一点，你就不需要标注那么多乱七八糟的角度了。

另外，这里我也写了很多的字母，要知道，字母写得多了，解题也会变得很烦琐。

实际上我在写板书的时候，"角BCE=……"之类的带字母的东西，我是不会写的，因为这会影响我解题。

所以，想要让解答过程变得简单，你就要记住，千万不要写太多没用的东西。

在记笔记的时候，"角BCE="之类的东西也不需要写。用荧光笔做上记号，就可以把它们对应起来。

解答示例

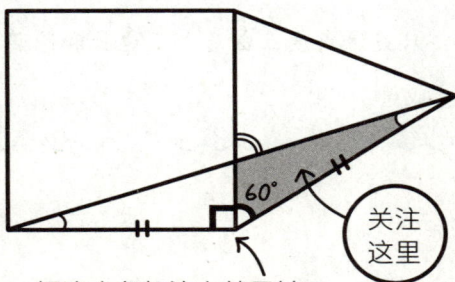

把这个角标注上就足够了

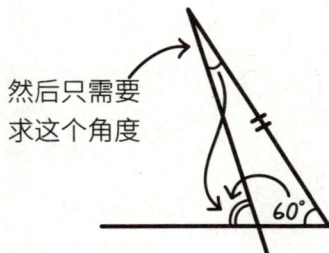

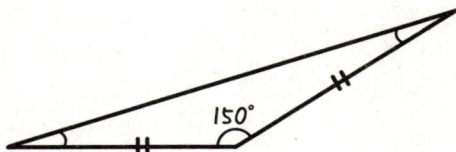

关注
这里

60°

然后只需要
求这个角度

60°

150°

因为它是等腰三角形,
所以（180°-150°）÷2=15°

提高学习能力的做笔记习惯之二十一:

不要只关注角度,留意一下边长和隐藏的图形,再去求解。

✨ 关于影子长度的问题，要从影子的端点开始考虑

接下来说一下求解影子长度（相似图形）的问题。

这类问题，不同的老师针对不同的问题，会讲出不同的方法。就连教科书上也会讲解不同的解题方式。

看到这些，有些人可能会想："这教科书写得可真是够详细啊。"

这种想法，并不太对。

虽然这些话不仅仅是针对于相似图形问题，但我还是想说，我希望学生们能够掌握一些一下子就能解决问题的简单思考方式，学会从不同的角度解决相同的问题。

尤其是求影子长度的问题，一些学生在画图时总是把图画得很杂乱。这种"千姿百态"的图，可能会给学生的解题过程造成混乱，所以，为了方便大家解决大部分的此类问题，我想针对这方面给读者做一个指导。

那就是，从影子的端点开始入手。

也就是说，你只需要考虑影子的最前端就可以了。

我在讲课的时候，总是会把影子（光线）的端点涂成一个很大的圆球。学生看了可能会觉得挺好玩，可是我并没有在开玩笑。

之所以画得那么夸张，就是想让人加深印象。

我在讲课的时候，学生一看到我这样做，他们就会想到："老师又开始'涂抹'，估计是要讲这个题型了！"

问题二

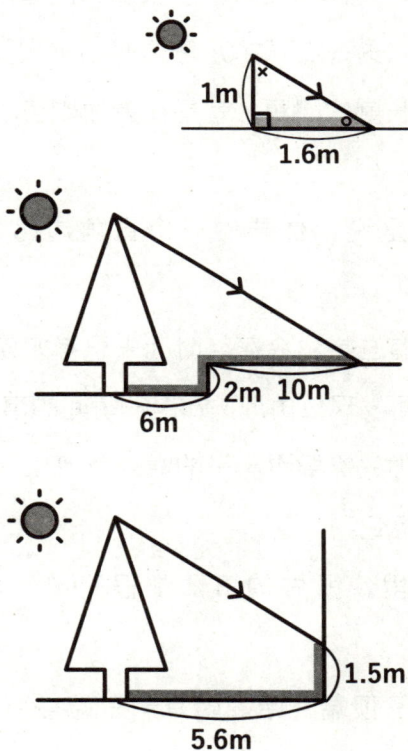

如图所示，长度为1米的木棍，其影子长度为1.6
米。那么同一时刻，同一地点，树木的高度是多少？

当然，"棍子""影子"这种没用的内容就不要写了。

首先，物体高度和影子长度的比值为1∶1.6，也就是5∶8（这一点要在0.1秒内想出来）。

影子长度的问题，就是在考你能否联系到相似图形的知识。

也就是说，你要做一个直角边比为5∶8的三角形。

虽然有些学生会花点时间去思考如何画线来画出三角形，可发现三角形，却是一瞬间的事情。

因为你只需要看影子的端点就可以了。之后，再给它做上标记。

到这里，所做的事情都很简单，可这都非常重要。

从棍子顶端开始，朝其影子端点所作的线，与树木顶端和影子端点之间的线是平行的，所以，所有角的角度都相等，因而两个三角形是相似三角形。有些学生确实能考虑到这一点，可他们画的线实在是不到位。

这不仅会直接影响到数值的求解，考虑到整体的学习层面，还会使学生之间一些看不到的差距不断拉大。画图画得不好的学生，得分相对也会较低。方便人观察的作图和图解固然是必要的，但一定不要忘了，"把重点部分画好"才更加重要。

解答示例

（1）

做一个三角形

简单地画一根棍子即可

⑤

⑧

$1 : 1.6 = \underline{5 : 8}$

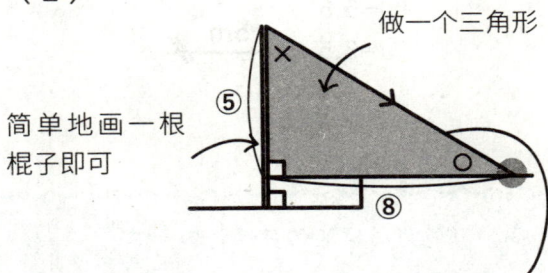

因为线是平行的，所以○的角度相等（同位角）。

把所有的比例都写成 5 : 8

$\downarrow$

相似三角形

$÷8$ ⑧ = 16
① = 2
$÷5$ ⑤ = 10

12m

（2）

做一个三角形

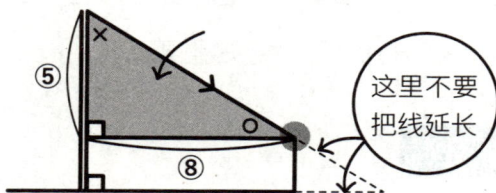

这里不要把线延长

⑧=5.6
⑤=3.5

5m

提高学习能力的做笔记习惯之二十二：

与地面影子端点的连线互相平行，因而倾角

相同，基于相似三角形，从光线端点开始考虑。

✧ 关于圆的问题，圆心和半径长度才是关键！

有些学生不擅长做关于圆的问题，他们中的大多数都不太了解圆心。

所谓圆的圆心，就是在用圆规画圆时针脚扎下的位置。圆上的各个点到圆心的距离都相等。有些人可能会说"这些东西我都知道啊"之类的话，可很多学生一到解题的时候，就不明白这一点了。

不理解圆心，就理解不了半径；不了解半径，周长和面积也就求不出来。

听讲的时候可能会感觉挺简单的，可自己做题的时候却一做就错。这类圆的问题，是最司空见惯的基本问题，可学生做错，也是司空见惯的。

而且，不仅仅是小学生，大学生和步入社会的工作者也会犯类似错误。

实际上，下面这个问题我曾经在大学的课堂上讲过，当时班里一共50人，结果33个人做错。

问题三

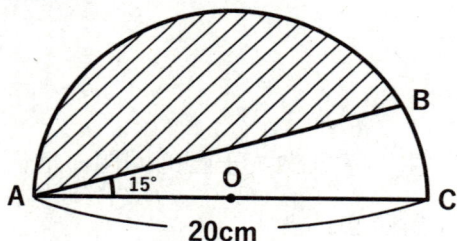

15°

A   O   C
20cm

B

图为直径为 20 厘米的半圆，阴影部分的面积是多少？（圆周率为 3.14）

错误的方法

有些人会把图形 ABC 误认为是"扇形 ABC"。

因而，他们会以为，半圆的半径是 10 厘米，那么"扇形 ABC"的半径就是 20 厘米，然后以此来进行计算。

做错这个问题的学生，大多都是这么做错的。其实，空白部分的图形 ABC 并不是扇形。

这个部分，是由三角形 OAB 和扇形 OBC 组成的，因此要而分开来考虑。那么为什么，空白部分的图形不是扇形呢？

原因就是，弧 BC 是半圆的一部分，也就是说，其所在的扇形的中心，就是半圆的圆心。

所以，扇形应该是图形 OBC。

而这也的确会引起人视觉上的错觉，令他们把图形 ABC 误认为是扇形。

上课的时候，我也多次重复："这才是圆的中心啊！"

解答示例

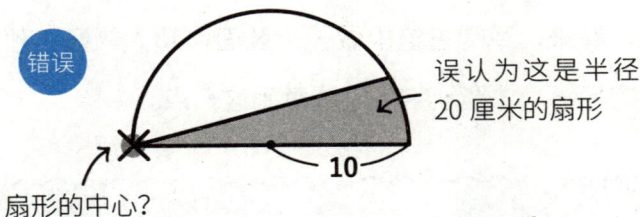

错误

误认为这是半径 20 厘米的扇形

扇形的中心？

$$10 \times \overset{5}{10} \times \pi \div 2 - \overset{10}{20} \times \overset{5}{20} \times \pi \times \frac{\overset{1}{15}}{\underset{24}{360}}$$

$$=50\pi - \frac{50}{3}\pi$$

正确

圆的一部分

半径 10 厘米的扇形

中心

$$\overset{50}{\cancel{100}}\pi \div 2 - (\overset{25}{\cancel{100}}\pi \times \frac{1}{\underset{3}{\cancel{12}}} + 25)$$

$$= \frac{125}{3}\pi - 25$$

$$= 105.8 \, (\text{cm}^2)$$

$$10 \times 5 \div 2 = 25 \, \text{cm}^2$$

把小数点后第二位四舍五入

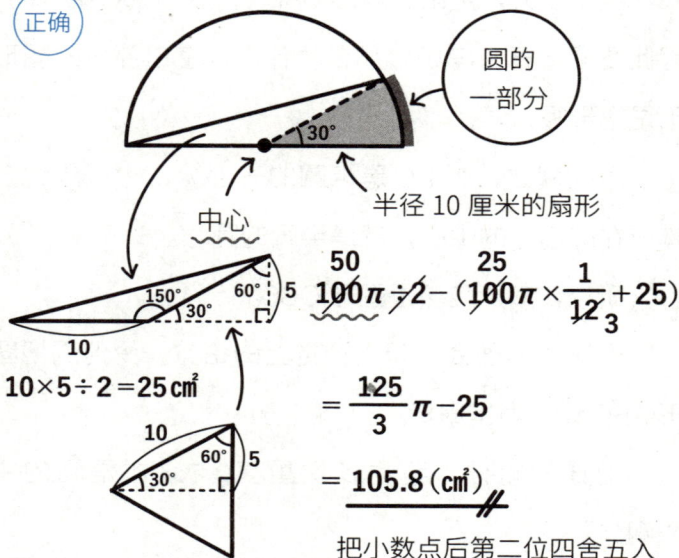

把正三角形分成两半
可以得到这个图形

看来，我得在这里做一个像面包超人的鼻子那么大的标记，才能让学生们注意到这一点。

提高学习能力的做笔记习惯之二十三：

圆最重要的就是圆心和半径。只要考虑到"扇形是圆的一部分"就可以了。

✨ 别写公式，要画点图!

有些图形问题，我们只需要把图画一下，或者分割一下，就能够一下子解答出来。

不过，有很多学生，却要花费相当大的力气，把公式写得到处都是，才能把题解出来。一些学习比较好的孩子，他们写的公式并不多，原因主要在于他们对图的解读很到位。

比如，图形的移动问题，和下面的问题 4 就是很典型的例子。

问题 4 涉及一个著名的定理——希波克拉底定理（月牙定理），不过我在跟我的学生们讲解的时候，我把它说成是"熊猫的耳朵就是熊猫的脸"问题。

就像图形所显示的那样，两个半圆连在一起，阴影部分和空白的部分，看上去就像是熊猫的脸，就这样我才给它起了这么一个名字。

正如大家在下面的问题 4 中看到的那样，该问题的结果就是，"熊猫耳朵"的面积与"熊猫脸"的面积相等。

如果能记住这一点，那么问题就可以迎刃而解了。

关于这个，有人可能会觉得，这不就是"死记硬背"吗。而我想说的是，没错，就是死记硬背，这样做就可以了。

由此，借助看图时的解题感觉和思考状态，我可以刺激那些学习成绩不太稳定的学生的学习欲。当然，至于为什么会有前面那个结论，我会在后面解释。

> 关于图形问题的面积求解方法，大致分为三类：
> ◎ 以整体为研究对象，把不需要的部分去除。
> ◎ 把需要求解的部分分割开来。
> ◎ 移动（等积移动）&变形（等积变形）。

中学考试里的算术题，七成以上需要借助第一种方法——"以整体为研究对象，把不需要的部分去除"来解决。而"熊猫问题"也是如此。

问题四

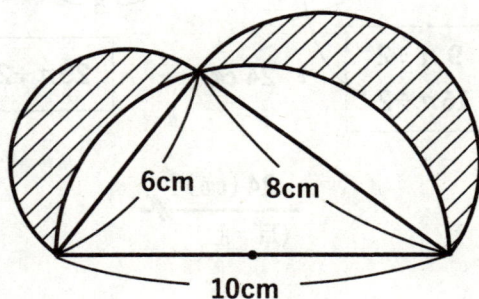

上图是由三个半圆组成的图形，三个半圆的直径恰好围成一个直角三角形，求阴影部分的面积。

解答示例

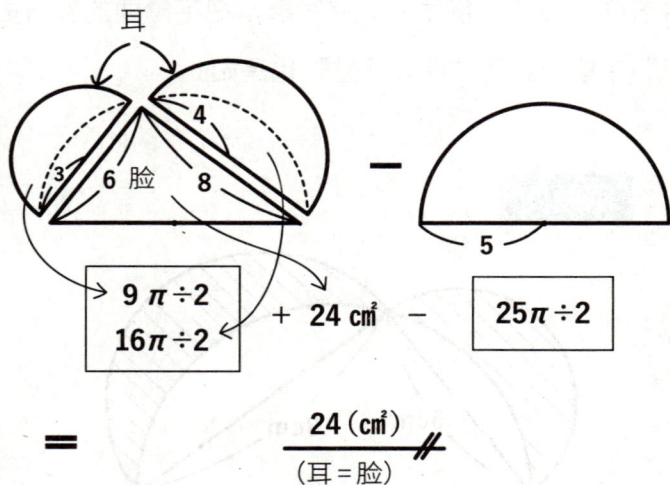

$$9\pi \div 2$$
$$16\pi \div 2$$
$$+ \ 24 \ cm^2 \ - \ 25\pi \div 2$$

$$= \quad \frac{24 \ (cm^2)}{(耳=脸)}$$

这是一个求解阴影部分（熊猫的两个耳朵）面积的问题。

那么，在两个"耳朵"中，那个不完整圆（阴影部分）的面积到底该怎么求呢？

我们先把整个图形分成三个部分：一个直角三角形和两个半圆。就像前面说的那样，对于圆的问题，我们应该关注圆心和半径。虽然图中需要求的部分是不完整的圆，但它也终归是圆，因而必然有圆心。那两个半圆的直径组成了直角三角形的两个直角边，由此我们把图形分成了三个部分。

这样一来，图中的大半圆（以直角三角形的斜边为直径的半圆）就被去掉。进而，求出的面积，就和直角三角形的面积一样了。

而且，无论直角三角形的顶部端点在半圆圆弧的什么地方，这个结论都是成立的。

> **提高学习能力的做笔记习惯之二十四：**
>
> "熊猫耳朵"的面积等于"熊猫脸"的面积。了解了这个"定理"，解题会很方便，所以请大家一定要记住。

第 **4** 章

提高孩子的做笔记能力，
家长也有责任

家长应该如何说，如何做呢？

☆ "写得再认真一点"这句话是会适得其反的

> "字写得这么潦草，这还怎么看啊？认真点写！"
>
> "写得这么乱，你老师能看清楚吗？"
>
> "这里一句那里一句的，写好看点不行吗？"

如果您是家长，看到孩子写出这样的笔记，您会不会也这样说呢？

可是，这样说下去，孩子肯定是不会轻易发生改变的。时间一长，爸爸妈妈们也会渐渐明白这一点。

然而，父母有时候不说都不行。这也是没有办法的事情。已经有几十年教学经验的我，在面对一些不认真的学生的时候，也会那样说。

😊 通过笔记的字体就能了解的事

①不是在同一天写下的东西，字体是不太一样的

人们写的字每天都是不一样的，学生的学习状态就可以在这种参差不齐中体现出来。

字体不同，则其学习的态度也不同。通过看孩子的笔记，他们的字有些写得松散，有些写得潦草，有些根本认不出来，就可以了解他们的学习状态。

您所看到的那个学习状态，可能是因为当天孩子的心情，也可能是因为那天孩子并不想做一些有难度的题目。总之，真正的原因，只有孩子自己知道。

家长一味地指出孩子的错误只会让孩子感到委屈，因而我希望父母们在责备孩子的时候，不要放任孩子们的错误，同时还要给他们一些积极的评价。

比如，当你看到孩子的笔记做得"参差不齐"，感觉到孩子的学习态度有变化时，你就要抽时间和孩子好好聊聊，让他保持那种较好的学习状态。

两个人之间的建设性谈话，要比单方面的关注强百倍千倍。

②文字行与列的排列很乱

接下来要说的是，有些孩子虽然每天写的字体都差不多，但行与列之间的文字排列却十分杂乱。这样的人大多数都是低年级的学生，其书写速度非常慢。

他们在做笔记时虽然在一笔一画地写，但他们对一句话、一篇文章或一个公式等方面的整体理解意识较低，因而他们写起来就很慢。

而正是由于笔记的记录速度慢，所以脑子的记忆速度也就不会快，进而理解和把握能力就会相对较低。

因此，文字写得杂乱，并且对这种习惯不加以注意的话，无论什么时候孩子的笔记总会给人一种幼稚的感觉。

然而，对这样的学生说"写快一点不行吗""写整齐一点不好吗"等之类的话，显然是没有方法和策略的表现。

简单点说，这样的说话方式给人的感觉，就好像是把对高年级学生的要求强加给了他们。

这样一来，孩子就太可怜了。当然，父母这样说我们可以理解，但他们却无法注意到这种状况，因而父母也没有办法。所以父母需要从现在开始想办法改正。

对于这样的学生，我推荐的方法就是让他们去读书。而这，其实与数学无关。

但是，学生可以通过读书甚至速读，来快速地抓住关键信息，进而对语言的整体理解进行练习。目光快速移动，注意力在短时间内集中，这样才能提升对语言的理解力，并改善笔记的质量。

首先，学生们可以专注于出声阅读，随后慢慢提高自己的阅读速度。

在我指导过这么多学生后，我也感觉到，无论是书写速度还是阅读速度，基于此类"组合式"的方法，这种速度感也会受到学生所在环境的影响。

如果书写速度加快的话，字写得潦草一点，倒也没什么关系。

可是，写得又乱又慢，这才是最致命的。因此，书写速度的意识，需要父母和孩子来共同培养。

反过来说，学生认认真真，一笔一划地写，或许表面上会很美观，但这样的话书写速度会下降。而且，我个人认为，这样做到底能不能让学生理解自己所学到的东西，这个问题也很微妙。

在孩子的笔记里，有很多连父母都不曾注意的盲点。

写得杂乱不堪，而且没有速度感的幼稚笔记，毫无疑问这名学生上课没有认真听讲。

做出这样笔记的学生，一切都会在他的成绩上反映出来。

而且，在对考试题目和答案进行改错的时候，他也一定会拿出自己的笔记冥思苦想：自己做错的原因到底在哪？

当然，考出这种成绩，原因不仅仅在于听讲和做笔记的方法。对于大多数学生来说，听讲方法不当就是成绩上不去的"万恶之源"。

书写速度与大脑运转速度、专注力成正比

在说完前面这些之后，如果父母看到这种学习态度不太好的笔记时，应该怎么应对呢？

父母应该避免在这种情况下对孩子进行指责。

如果父母因为笔记而对孩子发脾气，那么这只会增加孩子的逆反性。

父母在通过笔记发现孩子的学习欲望不足时，要做的不是直接指出孩子的错误，而是应先到学校里寻求老师的指导。

虽然有些事情只有父母可以做到，但同时，也有很多事情，正因为身为父母所以办不到。当你去做这些办不到的事情时，自然也不会有什么效果。

并且，家长们要记住，"字写得潦草"并不等同于"没有认真学习"。

尤其是在一些专注力比较高的学生中，很多人经常把字写的很杂乱。

以前，有一个考上重点学校的学生，他的笔记读起来就很费时费力。到最后我实在是看不清了，不得已去问了那个学生，里面到底写了些什么。这些东西简直比阿拉伯语还难懂（笑）。然而，那个学生的专注力，比其他学生要高出不少。

也就是说，脑子的运转速度与动手速度和专注力是联动的。

所以，如果孩子的记录速度很快的话，字迹是否潦草与学习态度的好坏是没有关系的。

假如，父母认为可以因为孩子写得字不好看而认定其学习不认真的话，那么还请你们去仔细观察一下孩子做作业（汉字和计算问题的书写）时的状态。

要是书写速度能够上去，我们或许对孩子就没有什么值得担心的了。到这时，即便我们不管，他们的水准也会得到提升，慢慢地，他们的字也就不那么潦草了。

提高学习能力的做笔记习惯之二十五：

不要因为字写得潦草而指责孩子，要多多关注字体的参差不齐和做笔记的速度。

☆ 父母把习题写在孩子的笔记上，会让孩子失去自主学习能力

有些父母会把整个习题的问题部分写在孩子的笔记上。看到这里有人会想：还有这样的父母？不过，这样的父母确实存在。

我此前接受过很多考试咨询，也看过很多学生的笔记，这一点的确出乎意料，因为这样的例子并不少见。即便是不写，有些家长也会把习题集里的一些习题抄下来，然后贴在孩子的笔记上。

我个人感觉，这种比例相比于以前有增无减。原因就是独生子越来越多，父母可以干预的时间也增多了。这里我要说一句不太好听的话：这是对孩子的过度保护。

　　为了让孩子集中精力学习，不浪费时间，父母总想着尽可能地帮助孩子。他们的这种想法，我们是可以理解的。

　　然而这种做法是需要质疑的。因为这样做会让孩子对学习失去兴趣，并会导致他们把学习当作是自己和父母分工完成的工作。

　　学习本是孩子自己的事情，可是，为了帮助孩子学习，父母却成了必要角色，这样一来，孩子就无法自主学习了。

　　所以，我想对那些想要让孩子认真学习的家庭说一句："别再写了！你们快把一整本书都抄下来了！"

　　要是父母在孩子的笔记上把问题写下来的话，这就很可能成为孩子成长和成绩提升过程中的绊脚石。

　　这话说出来可能不太好听，但是这样做，只是父母的自我满足而已。这样的做法对我来说实在不可思议，把练习册和教科书上的习题全都抄下来，到底是为了什么呢？

　　难道就是因为书上有才写的吗？抑或是因为父母觉得让孩子在答案被遮挡住而看不到的条件下解题实

在太可怜了？如果真是如此，那我觉得这根本不是在帮助孩子学习。

我希望父母能把这种时间节省出来，做些有意义的事。

与其抄写习题，不如给老师写些有用的信息

如果父母真的想在孩子的笔记上写一些话，那就给老师写一点"评语"吧。这是父母向老师寻求指导的请求。

平时即便父母亲自到学校去，老师也会因为太忙而没有时间进行接待。因此，把自己遇到的问题写下来，就可以把这个信息传递给老师了。

不需要另附一张纸，直接在孩子的笔记上写就可以。

这时候，父母和老师应该制订怎样的计划，应该讨论一些什么内容，以及孩子的学习状况到底如何，这些问题都可以间接得到答案。

所以，到底是为了什么而花钱、花时间跑到学校

找老师咨询，我们需要考虑清楚。

不过，把不会的问题抄下来贴在笔记上，然后让孩子反复复习，这种做法是没有什么问题的。

对于做错的问题，虽然也有很多方法去复习，但是反复回顾是有必要的。为了让孩子重新拾起这些问题，父母把它们抄下来贴在本子上，这样的工作虽然麻烦，但依然可取。只是，大家要记住，这只是一种临时方法，并非长久之计。

否则，这种做法会让父母产生错误认识，并把所有的习题全都抄（剪）下来贴在孩子的笔记上，孩子的学习也因此变成了他们与父母之间的共同作业。

要是孩子对此一味的顺从，那就很悲惨了。另外，假如父母仍然继续这种高压的交流方式，孩子学习时就总是会有一种被人强迫的感觉。

孩子的学习确实与父母有着很大的关系，但是父母最好还是不要过多地干预（不要再抄习题了）孩子的笔记。

提高学习能力的做笔记习惯之二十六：

父母不要代替孩子把习题写在他们的笔记上，但可以给老师写一点关于孩子的"评语"。

☆ 父母给孩子检查作业是错误的！这样会让孩子失去独立思考的机会

在很多家庭里，父母总是爱在孩子做完家庭作业后亲自检查。

在学校的时候，有很多人就说，父母应该负责检查孩子的作业。我也不知为什么会有这样的说法。

出于对学生的考虑，父母是绝不能这样做的。检查作业应该是学生自己的工作。

理由很简单，学生通过自行检查作业，无论是做对的题，还是做错的题，都可以在自己的脑中留下印象。这是非常重要的。

我在前面说过，课堂结束后学生要写下两行的总结，但做完作业后立刻检查，学生就会借此对刚才思考的知识进行整理，并且还能够进行二次思考。

"啊，这个做错了，为什么呢？"

"那样是正确的吗？好吧，原来用那种方法做才对啊。"

孩子要是能注意到这些，他的学习就和以前完全不一样了。

而父母来给孩子检查作业的话，这种重要的印象就无法留在孩子的脑中。

亲自检查作业，和查看被别人检查过的作业，效果是完全不同的。

父母检查作业的错误方式

而且，那些经常给孩子检查作业的父母，他们所做的工作也只不过是画几个叉号而已，很多人连对勾都不画。

也就是说，父母这种行为的目的，只是为了弄清楚孩子到底哪里不会。

更有甚者把这当作指责孩子的工具，不得不说这样太可悲了。

虽然后面我会讲到，但我这里要说一下，虽然有些题做对了，但也不要因此急着高兴。前面提到过一句：

"那样是正确的吗？好吧，原来用那种方法做才对啊。"

假如孩子在说这句话的时候，根本就不理解，只是分清了答案的对错，这种感觉，是绝对不能出现在孩子身上的。

这就是，父母只注重画对错号和让孩子修改错误，而并没有让这些完全变成学生自己的东西，并且他们还因此忽视了一些还没有掌握的核心知识的问题。

这是一个不容易被观察到的错误。这样的事情，很多父母都在重复。

有些学生可能会对父母发表一些类似前面的见解，但在"结果""正确答案"等词汇的掩盖下，他们也会忽略一些问题。

但是，这些都是骗不了自己的，因为他们都会感觉到"我在这方面学得还不够"，"考试的时候遇到这种题那可就完蛋了"……

不过我个人觉得，学生能意识到这些，倒也不错。因为这是学生们在审视自己时发现的问题，并且能够想到这样可能造成的后果。

说到这里，我想大家也应该明白，父母帮助孩子检查作业，是一种什么样的行为了吧？

没错，这种行为会剥夺孩子发现自身弱点的机会，并抑制孩子成长可能性的行为。

> 提高学习能力的做笔记习惯之二十七：
>
> 检查作业的，不应是父母，而应是孩子！这是他们发现自身弱项的好机会。

☆ 不要只关注答案上的对错

前面一节提到，父母在给孩子检查作业时，经常只画错号，这样就会漏掉一些隐藏的东西。

而大多数父母还认为，只要有"√"，就说明做对了，就没有任何问题了。

这样的家长，恐怕会有很多。他们从不觉得孩子有必要回顾做对的题。

我在接受咨询时了解过很多学生，他们当中大约有八成的人经常会对自己做对的题置之不理。

"这个虽然做对了，但是你们应该不理解吧。回去对照着课本再确认一下。"

我经常对学生和家长们这么说，而他们回想后也会对我说："果然像老师说的那样，我确实对这个没太搞清楚。"

做对的问题也值得注意

这里我换一种说法再强调一下，做对的题目更加值得你去关注。

这些问题，看似你已经会了，但你也需要注意。

而且，有些问题，就算是你做对了，也确实理解了，但它们仍然不能被忽略。

放学后，作业里的题虽然做对了，可过一段时间你就会忘记，未来做相同的题也可能出错。做错的问题谁都会去重点关注，但很少有人会积极地回顾做对的题。所以，这些题目，学生们一旦做对，他们自然也就把它们忘记了。

当然，每个人的学习能力是不同的，对于做对的题目，有些学生有一种"下次考试再遇到这种问题，我照样能做出来"的自信。但有些学生就会觉得，自己虽然做对了，可有些地方仍然不太理解。

做对的问题也值得注意？

"就算你现在理解了，时间一长，你还能记得吗？"

"虽然做对了，但是你还不理解吧？你能保证不让自己漏掉这个问题吗？"

无论什么时候，学生都保持一种危机感，或许听上去很麻烦，然而为了孩子的成长，这些人人都会遇到的盲点，家长们需要注意。

家长们忽略"正解"原因，大体就是因为错误太多，没有时间回顾那些做对的题。

这确实是一个问题。但是，很多家庭在错题上所花费的时间有点太多了，如果把这部分时间节约一下，我们还是可以挤出足够的时间的。

因此，我们需要把学习的时间（包括多余的时间）重新规划一下，这样一来，孩子的学习情况会大不一样。

"正确的错误"与"严重的错误"

做错的题目，也包含两种："正确的错误（思考方法是正确的）"和"严重的错误"。

虽然是错的，但如果你的思考方法是对的，那就没有问题。

这就是所谓的"正确的错误（思考方法是正确的）"，我经常把这个叫作"健康的错误"。

要知道，错误并不代表一无是处，在错误中，也存在更正的优先顺位。

一些学生，无论是修改作业还是考试题目，他们总会一个接一个地把错误修改过来。总之，他们的父母觉得，错误改正过来就可以了。这些家长对待孩子学习的感觉实在是有点"粗糙"。

明确理解的问题，以及一些书写上的错误，只要不再犯，就没有问题。

而且，在仔细回顾之后，学生会把问题中的要点完全掌握，不过未来有可能还在这个地方出现疏忽，这样的话到时候再复习确认一下就好了。这就是所谓的"健康的错误"。

如果学生要把错误一点不落地全都改正一遍，这样做效率就会很低。

只是，父母们实在是不知道，到底哪个才是关键的错误，这样的话，就需要请老师帮忙了。

请老师帮忙，也不是让老师把所有的东西都过目一遍，老师能做的，也只是针对错误的关键点进行分析。

前面提到过，有些题，画个图就能解出来，但一些学生却写了一长串的公式，费了好大劲才做对。也就是说，这些学生需要从方法上进行改正，这就是"严重的错误"。

当然，假如他们使用的方法也是对的的话，那也没什么问题。但是，如果不是，那就需要做出一些改变了。这样的方法日后是不能继续使用的。

这就好比，在柔道比赛中，你本可以一个背摔拿到"一本"来获得胜利，而你却一定要用尽全身力气，以"寝技"（柔道中的地面战技术）来获胜。那么，你不觉得"寝技"很麻烦吗？

同理，解题时写一长串公式，其中的道理你就不会明白。容易算错不说，到最后你可能连求的是什么都不知道了。因而，对于这种方法上的选择，我们有必要认真思考。

> **提高学习能力的做笔记习惯之二十八：**
>
> 对错误进行优先级排序，把精力花在在重要的错误上。

☆ 不要代替老师写一些指出错误的评语

最近我感觉到，一些家长依然成了孩子教育的保护者。当然，家长对孩子教育变的热心并没有什么不好。

父亲和母亲会对孩子施加不同的压力。其具体的表现不太好解释，不过从孩子的角度看，与母亲相比，父亲带来的压力有一种无法逃避的感觉。

说的再具体一点，相对于母亲，父亲对学习会持有一种更加"固定"的观念，而且会把这种观念持续地灌输给孩子。

父亲给孩子教方程式时的陷阱

有很多高学历父亲，由于他们对数学公式相当在行，于是经常利用这些公式对孩子进行"无理教学"（这些方程式在小学和中学的数学考试中是基本用不到的）。

同为指导者的我觉得，这样做会让孩子感到为难。从老师的角度来讲，大部分老师都会认为，这样太超前了。

孩子在接受父亲的教学时，通常都是孩子在复习和做作业时遇到了棘手的问题，父亲看不下去了，就过来帮忙。

然后，因为父亲的干预，解题过程变得混乱，于是孩子不得不继续问父亲。

家长在教给孩子一些方法时，一定要基于学生现阶段所学的知识来进行。

所以，家长应该运用教科书和学生笔记里的知识进行讲解，可一些父亲却按照自己的想法来进行教育。

从现在开始，不要再这样做了，因为这样会让孩子感到混乱。

课上讲的方法还没学会呢，怎么能消化父亲所讲解的知识呢？况且，如果父亲讲的方法与标准解题方法不同的话，这样就会很危险。

原因就是，父亲所讲的方法或许在当时行得通，但这些知识是无法在以后的学习中进行使用的。

学生学习的内容涉及多方面，但各方面的知识之间就如同毛细血管一样相互连接。而割裂这种联系，只针对某一方面进行讲授，从指导者的角度来讲，这种做法显然是欠考虑的。

我从很多学生的笔记中，能够看到其父亲讲解方程式时所留下的痕迹。

我虽然很想说"能热心地指导孩子，您真的很厉害"这样的话，可是真心说不出来。反而我却很想说："我希望您下次不要在这样了。"因为，越这样做，结果越是不合格。

我并不是说那个公式用得不对。

虽然纸面上没有写出对应的公式，但它们在中学考试题目的解答过程中是非常常用的。我们看不到其中的数学计算过程，可作为计算的一部分，这些公式经常被当作解答的工具之一。

在了解了这一点之后，家长在进行教育时，就不会出现什么问题了。

中学数学中所使用的带有未知数X的方程式，其意义是不太相同的。

如果孩子遇到了难题而向父亲求助的话，家长一定要基于孩子的笔记与教科书，在避免"无理解决"的前提下，最好转而向孩子的老师求助。

同时，那些做父亲的可能也会因此有些不满：既然这样，那你们就好好教一下我家孩子啊！站在父亲的角度，我也会这么想。

然而，引用教育界的一句话来说，教学很重要，但并不是完美无缺的。教学这种事情，绝对不是那种孩子在课堂里坐上一两个小时就能让他什么都会的简单工作，所以，还请各位家长理解。

可惜的是，作为老师，的确会有顾及不到的地方。我甚至可以说，近年来，很多补习班虽然在广告牌上宣传得天花乱坠，但实际上他们根本无法做到广告语里说的那种程度。

家长应该做的不是"纠错"，而是"鼓励"

另外，父母在看学生们的笔记时，如果遇到错误，即便心里想要给他指出来，也一定要忍住。

指出错误是老师的工作。

如果实在忍不住，那就先让我来讲讲为什么不应这样做吧。

原因并不是因为父母们不够专业，而是他们与孩子之间并非师生关系。

在亲子关系中，虽然也有例外，但大多数情况下，这就是现实。

所以，父母们需要认真把握孩子的现状，这才是最重要的。

这里我给大家举一个过度热心的父亲的例子。

之前在某补习学校工作室，有一天在老师的办公室里，一位老师在电话里说：

"你小子听见没有，在我回去之后你要是还没做完作业，看我不打死你！知道了吗？听见了吗？说话！"

电话的另一头是他的儿子，这样的电话，这位老师在每天下课后都会给他儿子打。

看到这里大家有何想法？

每天承受这种压力，孩子能有成长吗？学习方面也是如此。

后来我听说，那个孩子最终没考上自己理想的学校，然后就整天自闭在家里。

自己明明是一位老师，却无法正确指导自己的孩子。

所以，这就是为什么，父母无法成为孩子的老师。

提高学习能力的做笔记习惯之二十九：

纠错是老师的工作，父母的工作则是把握孩子的现状。

☆ "写得真不错啊"，这种褒奖很危险

对于课堂笔记，父母们千万不要说"写得真不错"、"写得真好"之类的话。这样的褒奖一旦重复，就很有可能造成孩子只专注于自己写的东西，而忽视了上课听老师讲。

父母看了之后，或许会觉得笔记很漂亮、很工整，但是他们到底有没有记住这些知识，那可就不敢保证了。

通常来说，练习笔记的目的是"输出"，所以题目做不对也没有关系。

在这方面，输出自己的答案才是最重要的。就算是写错了，只要能把自己的答案写出来，就是值得褒奖的。

至于笔记输出的是否是学生自己的答案，看看笔记上的字就知道了。书写看上去很有力量，有用橡皮修改的痕迹，这种有"挣扎"迹象的东西，就是学生自己的输出。

"挣扎"过的笔记才是学生成长的证明。

父母应该夸奖孩子：

"你没照抄答案，还挺不错的。"

"看来你是真的动脑子了。"

就像这样，很简单。

避免出现"讨父母欢心的笔记"

对于那些只抄板书、抄答案的笔记，如果父母看了之后就轻易夸奖的话，孩子会容易想："下次我还这么写。"

这样一来，学生写笔记的目的就变成了讨得父母褒奖，这就是本末倒置了。

这里且不讨论孩子是否自觉，只是无论怎样，我不希望父母被这种东西蒙骗。一本笔记，如果只是为了给别人看而写，那就太浪费了。

父母也不需要反省自己是否曾经"无理褒奖"过，只是要记住，这种夸奖，可能会造成麻烦。

不知从何时起，父母在教育孩子时兴起了一种"褒奖式教育"方法，这种方法强调的是"褒奖的重要性"。不过，我对此是抱有疑问的。我认为，在该夸奖的时候夸奖，这才有意义。

想要让自己的夸奖有效果，那就说：

"老师最近夸你学习很认真。"

这样间接夸奖的话效果更好。

提高学习能力的做笔记习惯之二十九：

父母要关注的，不是"写得好不好看"，而是"有没有输出自己的答案"。

结语

对于本书的读者，我在此致以我最诚挚的谢意。

只要能掌握提升自己做笔记能力的技术，学习自然会变得更有效率。

所以做笔记的能力，就是学习的能力。

在这样的驱使下，毫无疑问这会变成你强有力的学习工具。

笔记既可以成为你学习过程中最强的武器，另一方面，它也会成为学习的绊脚石。

"笔记就是用来写的。"

有人也抱着这样的看法。

自己觉得有必要的，就写；没必要的，不写也没关系。

可是，即便是这么简单的工作，有些学生也无法正确做出判断。

这就是因为，他们到目前为止，对笔记的使用方法过于轻视了。

无论是父母、孩子，还是老师，都犯过这种错误。

身为考试指导者，我写这本书的理由之一，就是为了在老师施加给学生的庞大学习任务中，削减掉一些不为人知的不必要的学习活动。

掌握笔记的使用方法，就可以节省一些无意义的学习时间，进而把这些时间投入到更加重要的学习活动中。

在这里，我想说：

各位学生，尤其是面临考试的学生们。

发挥自己的长处，写一本由自己主导的笔记吧。

这样一来，以后的课堂听讲，写作业，以及对过往题目的回顾，相信大家一定会乐在其中。

当然，我不能肯定地说，孩子和父母在读过这本书之后，做笔记能力一下子就能提升上去。

重要的是，大家要从现在开始进行实践！

之后，大家就可以掌握最优的做笔记技术，学习效率也会有一个质的飞跃。

最后，借此机会，我要感谢青春出版社的各位同仁。尤其是从我前一部作品开始就一直合作的野岛纯子女士，这么长时间以来，她给了我很多指导。

在此我也要感谢给我意见和建议的前辈，以及提供笔记的各位学生。

此外，本书的完成还得益于很多学生笔记和接受过我答案指导的学生，这里我无法一一提到。

州崎真弘

附 录

一眼就能看明白的学习技巧

笔记实例再现

这里，我给大家公开几个课堂笔记、练习笔记，以及数理化课堂笔记的记录实例。

"板书"是老师在黑板上写的东西，而"记录"则是学生根据老师的讲解，用自己的话把要点记录下来，或者通过思考写下自己注意到的知识点。

在做笔记时，用不同颜色的荧光笔根据自己的情况标上不同的颜色，这样的话，重点就一目了然了。

什么样的笔记才是对复习有帮助的，笔记应该怎么写、写什么……

接下来就请大家通过下面的笔记，自行做一下参考。

数学笔记

问题一

X医院和Y市政府在同一条道路上，A从X医院出发，步行至Y市政府；在A出发10分钟之后，B从Y市政府出发，骑自行车赶往X医院。两人在相遇之后25分钟，A到达Y市政府；相遇之后8分钟，B到达医院。问：B从Y市政府出发后，经过多长时间与A相遇？（两人速度保持不变）

课堂笔记记录实例

※ 某个没有做出这道题的学生是这样记录的：

学
生
在
做
作
业
时
写
的
内
容

[计算行人的速度]

X 医院　　　　　　　　　　Y 市政府

A 步行

B 自行车

图上画出了一些东西。
但是，X 到 Y 的距离和两
个人的速度都不知道，所
以做不出来。

他把不会做的
原因写了出来

讲解

基本上图画得很完美，时间也标注上了。

不需要的东西就不要写了，比如：医院、市政府、步行、自行车。

笔记

速度的三要素：**距离、速度、时间**
这些东西，目前只有**时间**是已知的。

板书

如果只知道其中一个条件，就要用到"比值"了

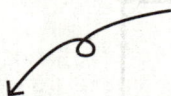

距离＝速度 x 时间
这个公式用不了

笔记

只要关注一下距离，就很容易做出来。

·距离：X → Y？
·速度：两个人？
·时间：设定三个位置

笔记

为方便计算，数值可以随意设定　笔记

板书

300km

100km/h　　　3 小时

50km/h　　　6 小时

速度比　　100 : 50 = 2 : 1

时间比　　　3 : 6 = 1 : 2

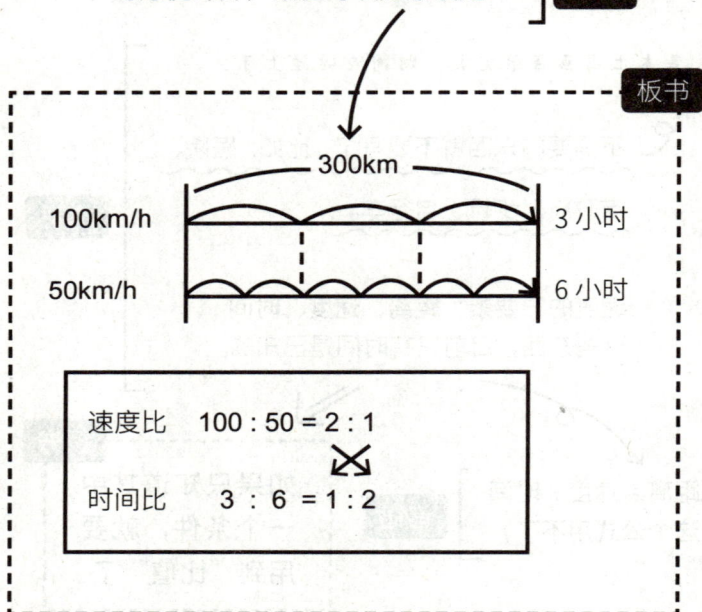

这样可以看出，速度比与时间比是相反的。　笔记

板书

距离一定时，速度与时间的比值相反。

解答

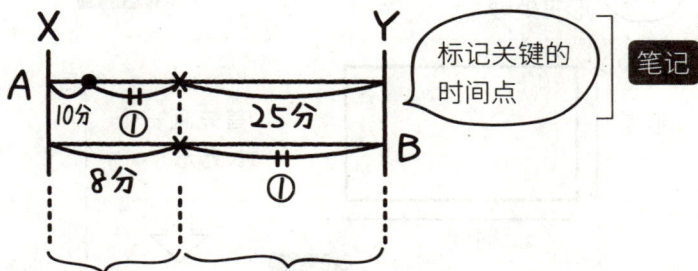

标记关键的时间点 笔记

```
                    A  :  B
区间1: 时间比 = (10+ ①) : 8
区间2: 时间比 =    25  : ①
```

无论在哪个区间，时间比都是相同的。

(10+①) : 8 = 25 : ①   <比例式> 笔记

(10+①) × ① = 200 内项的积等于外项的积 笔记

20 × 10

```
1×200
2×100
4×50
5×40
8×25
10×20
```
素因数分解

把每一对都写出来，以防有遗漏 笔记

答案：10 分钟

189

补充 二人行进距离相同时，也可以用矩形来处理

板书

距离

时间

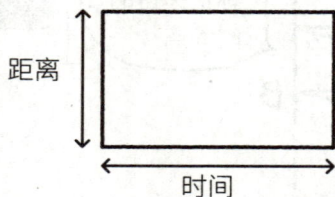

首先画一个长方形

板书

10分① 25分

Y

X

10+① 8分

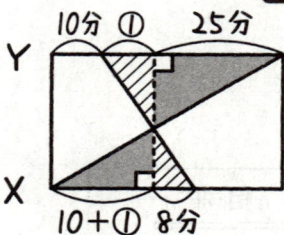

速度较快的人用倾角较大的斜线表示

笔记

① 25

8 10+①

①：8 = 25：（10+①）となる。

之后利用相似三角形来解

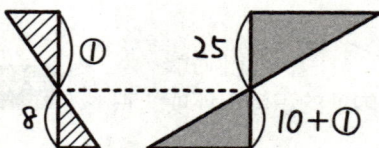

考察"运用相似三角形"的题目非常多！

笔记

不善于用矩形解题的学生很多，可以对这种方法多加练习来解答其他类似题目。

190

问题二

半径为 7 厘米的圆上有 12 个等分点

(1) 求图 1 中 S1 和 S2 的面积之和

(2) 求图 2 中 S3 的面积

圆周率取 22/7

图一

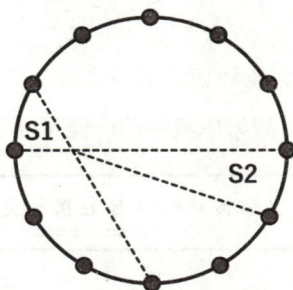

图二

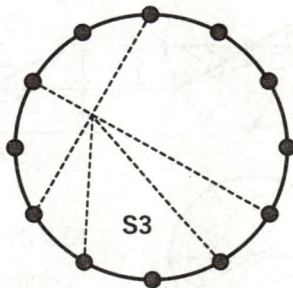

课堂笔记记录实例

※ 我给学生的练习笔记添加了一些评语：

【图形（面积）】

(1)

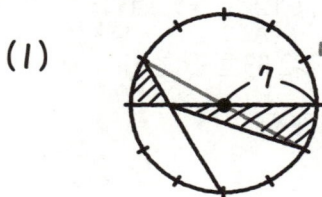

自己再重新组织一下
图形，就一目了然了.

一目了然，一下子就
解决了~

$$7 \times 7 \times \frac{22}{7} \div 6 = 25\frac{2}{3} \text{（cm}^2\text{）}$$

12 等分里还包含着二等分

所以，只考虑其中的 $\frac{1}{6}$ 就可以了

关于圆的面积：半径和圆心是圆的生命！

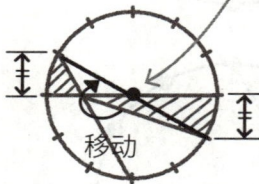

移动

先找出圆心，然后把圆心
和圆弧上的点相连。

实际上，这两个三
角形的面积相同。

因为它们底相同，高也相同。

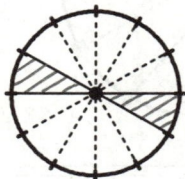

如左图所示，我们就能明白，所
求的面积其实就是圆的 $\frac{1}{6}$。

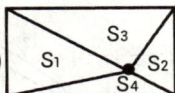

补充　$S_1+S_2=S_3+S_4$
它们的和是长方形的 $\dfrac{1}{2}$。

(2)

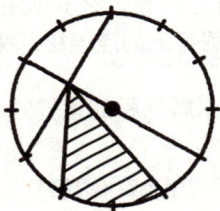

把图再重新画一遍

与（1）同理　$\dfrac{2}{12}=\dfrac{1}{6}$　因此　$25\dfrac{2}{3}$ (cm²)

喂，不要想着偷懒！！！

或许……

应该这样来考虑

想法挺好的，不过，这样不行！

虽然（1）已经写过，但在圆的面积问题里，圆心超级重要。

所以，找到圆心才是正确的，可是题目中的那个点并不是圆心，所以面积不好求。

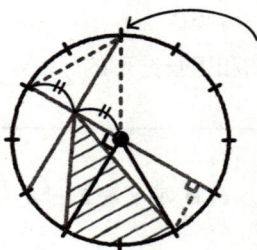

正三角形的一半

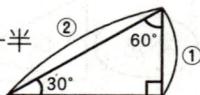

正确的做法，并不是找到圆心

（1）但是，还是要把圆心
和圆弧上的点连接起来

这里，你要了解三个求解面积的重要方法：

分离 ⟶ ○ ① 分割

◎ ② 为了方便理解（求解），去掉不
需要的部分

相关的平
行线很多 ⟶ ✕ ③ 变形

➜ 这里要用方法②来考虑

直角三角形 + 圆心角 $60°$ 的扇形　　这部分比较
容易求解

$$= (7 \times 3.5 \div 2 + 7 \times 7 \times \frac{22}{7} \times \frac{1}{6}) - 3.5 \times 3.5 \div 2$$

$$= 3.5 \times 3.5 \div 2 + \frac{77}{3}$$

$$= 31\frac{19}{24} \ (cm^2)$$

很重要，所以再说一遍：
圆心是圆面积的生命！

化学笔记

酒精根据其用途（燃烧、食用、消毒等），可以分为很多种类。现有 AB 两种酒精，A 和 B 燃烧后都可以生成二氧化碳和水。4g 的 A 和同等质量的 B 燃烧所生成的二氧化碳和水，以及其所消耗的氧气的质量，如表 1 所示。

在空气中，氮气的体积占 80%，氧气的体积占 20%，基于以上信息，请回答以下问题：

表 1

	燃烧掉的质量（g）	二氧化碳（g）	水（g）	氧气（g）
酒精 A	4	5.5	4.5	6
酒精 B	4	8.8	X	9.6

表 2

	二氧化碳	氧气	氮气
该气体 3L 的质量（g）	5.5	4	3.5

（1）表 1 中的 X 是多少？

（2）4g 酒精 A 燃烧时所需的空气（包含氧气）体积是多少？

（3）3L 空气的质量是多少？

（4）酒精 A 与酒精 B 的混合物共 4g，其燃烧时消耗了 8.52g 氧气，则在此 4g 的混合物中，酒精 A 的质量是多少？

（5）燃烧 1g 酒精 B 需要 20L 空气，所生成的气体经干燥剂去除水分后，收集到的气体体积是多少？

课堂笔记记录实例

※ 我检查了学生的课堂笔记:

【气体的计算问题】 要弄清楚化学式和数量单位

仅仅依靠题目中的表格，有时会导致你犯很严重的错误！！

金属和水溶液 — 燃烧 — 气体的性质 — 化学 — 物质的溶解度 — 酸·碱·中和

因为表1不太容易观察，所以我们换一下顺序。 **笔记**

(1)
A ‖ 氧气 二氧化碳 水
$4g + 6g = 5.5g + 4.5g$
B ‖ $4g + 9.6g = 8.8g + Xg$
-0.8
+0.8
质量守恒
$X = 4.8$

(2) 氧气 $4g$ 气体 $3ℓ$
×1.5 ⟶ $6g$ ⟶ $4.5ℓ$ (20%) ×5 ⟶ $22.5(ℓ)$ (100%) ×5
注意不要出现计算错误，也不要弄错单位！ **笔记**

(3) 气体 $3ℓ$ 80% 氮气 $3.5g$ $3.5 × 0.8 = 2.8g$
20% 氧气 $4g$ $4 × 0.2 = 0.8g$
$3.6(g)$

很容易弄错，这个问题成年人也会上当

注 不是单纯的 7.5g！！ **笔记**

197

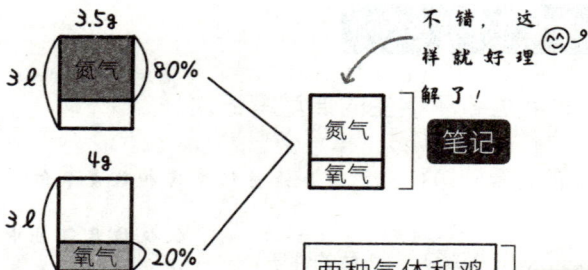

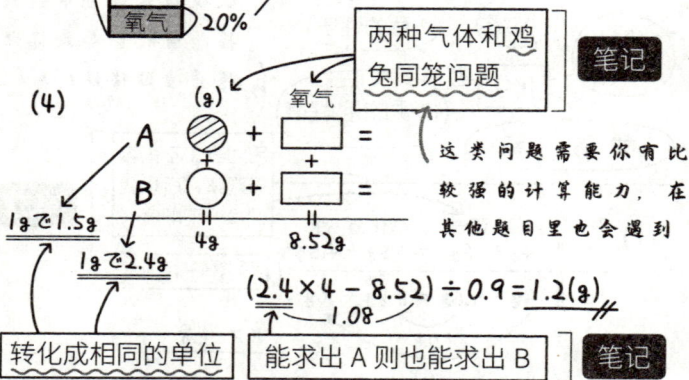

3.5g

3ℓ 氮气 80%

4g

3ℓ 氧气 20%

不错，这样就好理解了！

| 氮气 |
| 氧气 |

笔记

两种气体和鸡兔同笼问题

笔记

(4)

(g) 氧气

A ⊘ + □ =

B ○ + □ =

1g で 1.5g

1g で 2.4g   4g   8.52g

这类问题需要你有比较强的计算能力，在其他题目里也会遇到

$(2.4 \times 4 - 8.52) \div 0.9 = 1.2(g)$
　　　1.08

转化成相同的单位   能求出 A 则也能求出 B   笔记

good!!

要判断其他问题的优先程度   笔记

(5)   B

$\div 4$ ⎰ $4g + 9.6g = 8.8g + 4.8g$
　　 ⎱ $1g + 2.4g = 2.2g + 1.2g$

这是重点，将来高中会用到

使用的空气总和 20L

1.8ℓ   1.2ℓ   19.4ℓ

4ℓ

16ℓ   2.2ℓ余る

在其他问题里可能有一点不足

刚开始不要考虑 20L，检查一下必要的比例   笔记

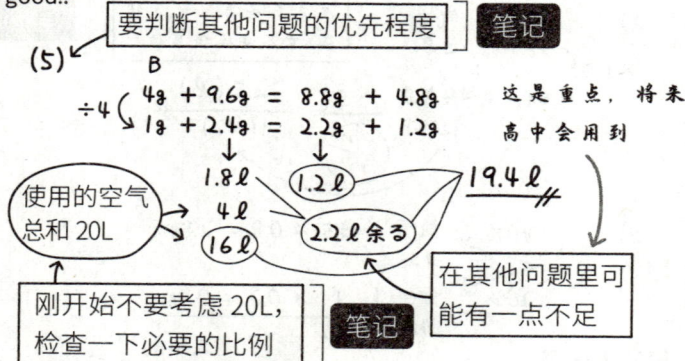

嗯，这样就好理解了！

💡 物理笔记

如图1所示，A同学有一个注射器，刚开始注射器的活塞和针栓完全闭合，之后拉动活塞，他发现，要想使活塞移动必须施加足够的力。于是，如图2所示，他将注射器固定在桌子上，活塞完全闭合，活塞末端连着线，线的另一端有砝码。当砝码重量增加到1000g时，活塞开始移动。基于此结果，A同学认为，在正常大气压条件下，1000g的力可以使活塞横向移动。在询问过老师之后，他的这个想法果然是正确的。而且，同样的地点，正常大气压条件下，无论注射器怎样放置，这个使活塞移动的力都是不变的。

 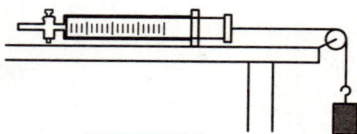

图一 图二

将注射器的针栓打开，吸入一定量的空气，之后再把针栓关闭。如图3所示，注射器竖直放置，在活塞的末端放上砝码，并测量此时注射器内空气部分的长度，结果如表A所示（活塞本身的重量为50g）。

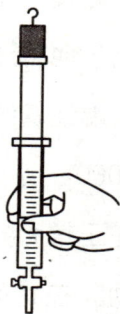

图三

A

砝码重量（g）	150	200	450	550	②
空气部分的长度（cm）	7.5	7.2	6.0	①	5.0

（1）请在①和②出填入适当的数值

这一次如图4所示，将注射器倒转过来，活塞末端连接砝码，再测量注射器内空气部分的长度，结果如表B所示。

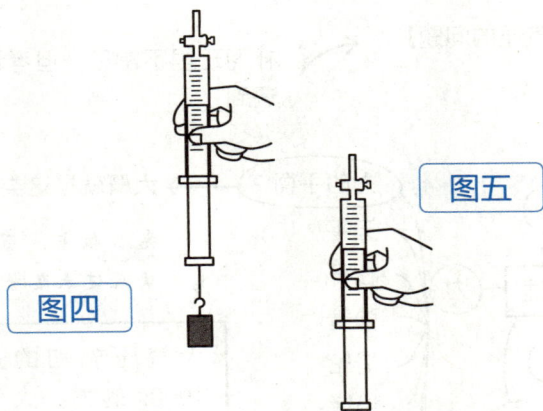

图五

图四

B

砝码重量（g）	50	200	350	450	④
空气部分的长度（cm）	10	12	15	③	20

（2）请在③和④出填入适当的数值

（3）如图5所示，将注射器的针栓打开会怎样？

课堂笔记记录实例

※ 我检查了学生的课堂笔记：

【大气压的问题】 ← 补习班里不常见，但考试时会遇到

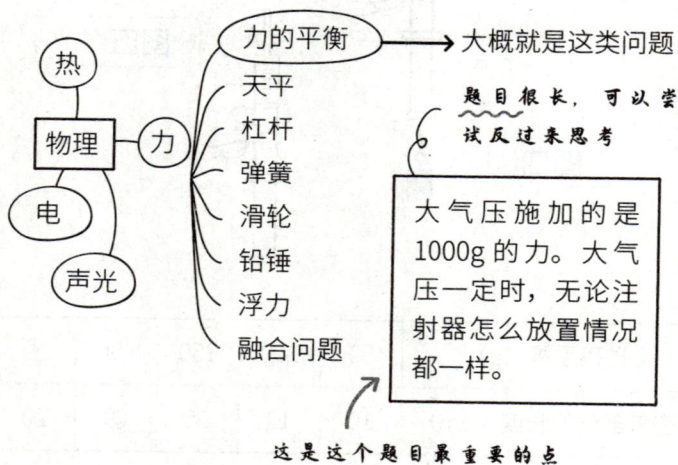

力的平衡 → 大概就是这类问题

热

物理 — 力 — 力的平衡
　　　　天平
　　　　杠杆
电　　　弹簧
　　　　滑轮
声光　　铅锤
　　　　浮力
　　　　融合问题

题目很长，可以尝试反过来思考

大气压施加的是1000g的力。大气压一定时，无论注射器怎么放置情况都一样。

这是这个题目最重要的点

(1)

重さ(g)	200 150	250 200	500 450	600 550 ②
長さ(cm)	7.5	7.2	6.0 ①	5.0

既不是正比例也不是反比例，这样写会导致，
①和②没法求。

重力都一样，要辨别出看不到的力。

接触

这是基于经验，把自己的想法写了下来：

表的规则是什么？

这考察的不是计算，所以不考虑这个也没关系

没错，就是"接触"，物体在接触部分会受力，空气也是如此。

"g"和"cm"以外的关系？
尝试考虑"大气压"这一条件

1000g

150g

50g

1000g

因为针栓关闭，所以空气量不变。

难道说要施加1000g的力？

⇓

重新做一个表试看

7.5cm

写出自己的想法，这样方便理解。

气球也是如此，外部的空气也会受到一个反向力，所以这部分空气也是有力的作用的。

尤其是想要报考自
己理想的学校时，
这种预备知识还是
很有必要的

记住，有些时候表格可能需要
你自己再写一遍

(g)	1200	1250	1500	1600	②
(cm)	7.5	7.2	6.0	①	5.0

$1200 : 1500 = 4 : 5$
$7.5 \ : \ 6.0 = 5 : 4$ 比值是相反的

因为它们的乘积
都是9000   所以比值相反

这样的话问题就解决了

运用这个条件： $9000 \div 1600 = \underline{5.625}$ 数值①

$9000 \div \ \ 5 \ \ = \underline{1800}$ 数值②

(2)

重さ(g)	50	200	350	450	④
長さ(cm)	10	12	15	③	20

表 A 可以这样做，表 B 能不能也这样做呢？

了解了出题人的意图. OK.

Vevy good!
不认真思考是注意不到这一点的.

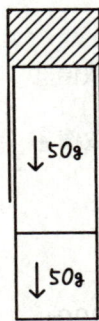

刚才这 1000g 的力还是向下的，这回又变成向上的了？感觉很麻烦啊！

→确实，无论怎么放置，都是一样的。

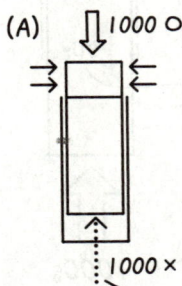

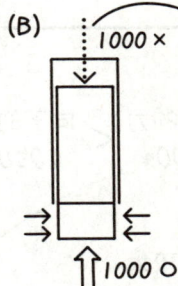

(A) ⬇1000○

(B) 1000×

1000×

1000○

虽然有力的作用，但因为有活塞，所以关系不大。

(g)	900	750	600	500	④
(cm)	10	12	15	③	20

这里与表 A 一样，比值也是相反的

也就是说，乘积是 9000 不变

$$9000 \div 500 = \underline{18} \quad \text{数值③}$$

$$9000 \div 20 = \underline{450} \quad \text{数值④}$$

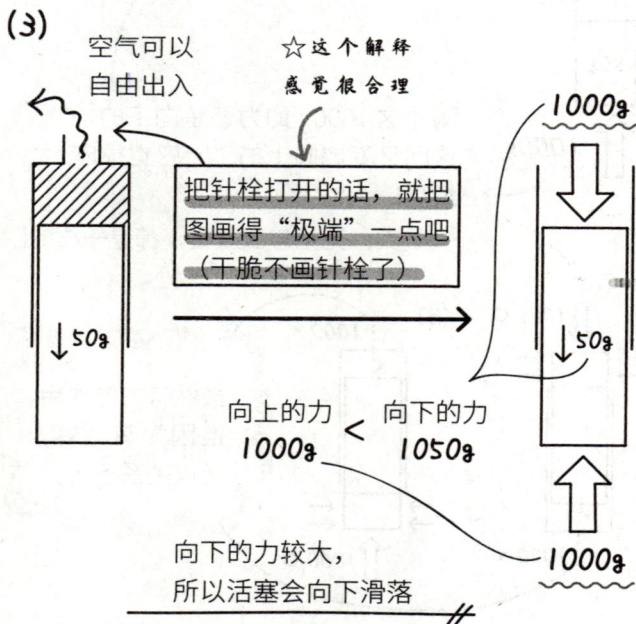

(3)

空气可以
自由出入

☆这个解释
感觉很合理

把针栓打开的话，就把
图画得"极端"一点吧
（干脆不画针栓了）

1000g

↓50g

↓50g

向上的力　　向下的力
1000g　<　1050g

1000g

向下的力较大，
所以活塞会向下滑落